더불어 사는 세계

미래의 선택

김시중 | 지음

판권본사
독점계약

더불어 사는 세계 미래의 선택

지은이 • 김시중
펴낸이 • 김시중
인쇄일 • 2000년 11월 1일
발행일 • 2000년 11월 1일
펴낸곳 • 도서출판 용안미디어
주소 • (135-081)서울시 강남구 역삼1동696-25 영성빌딩
전화 • 569-5024(대)
팩스 • 569-5009
등록 • 1994년 2월 25일 제16-837호
가격 • 8,000원

* ISBN 89-86151-52-9
* 잘못된 책은 바꿔 드립니다.

더불어 사는 세계

미래의 선택

Future
Choice

김시중 | 지음

디지털 시대에 경제적 자유를 열망하는 사람들에게
나의 작은 노력이 힘이 되고 용기를 주는데
기여할 수 있기를...

목 차

제 3 부 미래를 선도하는 뉴 패러다임 / 125

머리말

21세기는 흔히 '디지털 혁명의 시대' 혹은 '변화의 시기'로 표현된다. 물론 '변화'라고 하는 것은 비단 21세기에만 해당되는 것은 아니다. 좋든 싫든 인류는 유사이래 끊임없이 '변화'를 수용하며 살아왔던 것이다. 그리고 역사적으로 볼 때, '변화'의 때를 알고 그것을 수용한 사람들은 앞서가는 행동가로서 부와 명예를 거머쥐었고 때를 놓친 사람들은 늘 2류 인생으로 살아가고 있다는 것을 알 수 있다.

'메인 매니지먼트 프로그램'의 창시자인 레널드 혹은 '언어적 세계'와 '확장적 세계'의 두 가지 관점에서 시대적 변화를 외면하는 사람들을 다음과 같이 꼬집고 있다.

"확장적 세계는 본인이 직접 체험하거나 진행하면서 얻어진 세계를 말한다. 그리고 사람들은 직접 체험해 보지 않은 추상적이고 가상적인 세계는 쉽게 수용하지 않으려는 경향이 강하기 때문에, '확장적 세계'에서는 체험한 것만을 믿고 행동하려는 경향이 나타난다. 그러나 확장적 세계는 통계적으로 볼 때, 언어적 세계의 10분의 1에도 못 미치는 체험의 세계이다. 따라서 체험하지 못했다고 하여 안 믿는 경향은 보다 더 큰 기회를 상실하게 만드는 것이다. 결국 미래에는 보다 넓은 범주인 '언어적 세계'의 중요성이 부상하게 될 것이며, 그것을 위한 치열한 각축전이 벌어질 것임을 알 수 있다."

90년대 초, 외국계 네트웍 마케팅 기업이 국내에 진출하자 많은 사람들이 '도덕성', '윤리성' 운운하며 이 기업을 마치 부도덕한 사람장사꾼인양 진실을 왜곡하였다.

하지만 10여 년이 지난 지금은 어떠한가? 지금까지도 지속적인 성장을 달성하고 있는 그 근거는 무엇일까? 이 의문에 대한 해답을 한 마디로 표현하자면, '네트웍 마케팅은 자영사업이라는 개인의 소유욕구와 자유로운 사업운영에 기초를 둔 시스템'이기 때문이다. 즉, 네트웍 사업자들은 자신이 하는 일의 주인이 될 뿐만 아니라, 자유로운 의사에 따라 사업을 운영할 수 있는 것이다.

뿐만 아니라 네트웍 마케팅은 근본적으로 서민들의 대중 자본주의를 기반으로 하고 있다. 이것은 소수의 사람들이 부를 소유하는 것이 아니라, 수많은 사람들이 공유하는 진일보된 자본주의를 말한다. '다수와 나눠 갖는다'는 의미와 네트웍 마케팅이 추구하는 '더불어 함께 공유한다'는 것은 서민 자본주의의 기본적 가치이다.

지금 이 순간에도 변화는 지속되고 있다. 즉, 우리는 변화의 한 가운데에 놓여 있는 것이다. 국제경제의 가장 중심축을 이루고 있는 미국의 시장을 보라. 지난 수년 동안의 흐름을 보면, 소매를 중심으로 한 시어즈(Seras), 제이. 시. 페네즈(J. C. Penneys), 삭스(Saks), 메이시즈(Macy's), 벤 프랭클린(Ben Franklin), 딜러스(Dillards), 몽고메리 워드(Montgomery Ward) 등과 같은 회사들이 시장을 장악했다는 것을 알 수 있다.

하지만 20세기를 주도하던 그 유통산업들은 국경을 초월한 글로벌 네트웍 세일즈 방식이 유통의 흐름을 변화시키면서 점점 그 자리를 잃어가고 있다. 즉, 이제는 네트웍을 통해 고객을 직접 찾아가는 적극적인 대응방식으로 주류의 흐름이 이동되고 있는 것이다.

그러한 징후는 이미 오래 전부터 현실로 나타나고 있었다. IBM과 제너럴 모터스(General Motors)가 수 천 명을 해고한 바 있으며, 오랜 역사를 가진 시어즈 사는 지난 몇 년 동안 수 만 명의 종업원을 감원했고 기업 재건계획의 일환으로 100여년간 운영하던 카탈로그 비즈니스를 마감했다. 그리하여 결국 113개 소매점포와 200개 카탈로그 스토어를 해체하는 작업에 착수하게 된 것이다. 또한 정상의 자리에 있었던 소매부분의 많은 리더급 회사들이 이미 문을 닫았다. 이렇듯 미국 주요 상점가의 변화추이는 소매시장에 커다란 지각변동이 일어났다는 충분한 증거가 되고 있다.

그렇다면 우리의 현실은 어떠한가?

아직도 많은 사람들이 경기침체가 가져올 감원대상의 공포 속에 떨고 있다. 그뿐인가! 디지털 혁명은 우리 산업에 불어닥치고 있는 변화의 물결을 주도하며 하이테크라는 강력한 무기로 미래를 격동의 현장으로 이끌고 있다. 이것은 결국 앞으로 10여 년간의 커다란 지각변동을 예고하는 것이다.

그렇다면 현실을 살아가는 우리는 뭔가 대응책을 세워야 한다. 변화의 소용돌이 한가운데에 놓여 그 물결에 함께 휩쓸려 돌아가면 다행이지만, 그 소용돌이 밖으로 밀려나면 영원히 2류 인생이 되고 말 것이다. 그렇다고 그 대안을 찾기 위해 방황하거나 시선을 멀리 둘 필요는 없다. 우리의 가까운 곳에서 지난 10여 년간 많은 사람들에게 미래의 현실적인 대안을 제시하고 있는 사업이 존재하기 때문이다.

네트웍 마케팅 사업으로 시선을 돌려 보라. 그 동안 네트웍 마케팅 사업은 IMF로 인해 실의에 빠졌던 수많은 사람들에게 새로운 기회의 장을 제공하면서 이제 새로운 국면으로 접어들고 있다. 작년까지만 해도 네트웍 시장은 1조원대를 벗어나지 못했지만 지금은 매출액 2조원대 달성을 목전에 두고 있다. 그렇다면 2조원의 매출 신장을 무엇을 의미하는가? 그것은 직접판매 수익 30%(약 6,000억원)와 후원수당 35%(약 7,000억원)를 합해 약 1조 3,000억 원이라는 금액이 수많은 자영사업자들의 소득원이 된다는 얘기이다.

물론 개개인의 소득 차이는 있겠지만 월 평균 1인당 100만원의 소득이라면 약 10만8천3백 명이 혜택을 누리고, 50만원이라면 약 21만 6천 6백 명이 소득을 갖게 된다.

이것은 결국 '다수가 나눠 갖는다' 는 서민 자본주의적 가치를 공유하고 있다는 증거라 할 수 있다. 게다가 네트웍 마케팅 사업은 소득창출만 하는 것이 아니라, 수많은 사람들이 추구하는 성공가능성의 비결을 가르쳐준다.

동기부여의 명강사인 노만 쿠진(Norman Cousions)은 "지금도 자신의 삶에 회의를 느끼며 실의에 빠져있는 수많은 사람들이 있다면서 '인생의 슬픔은 죽음이 아니라 자기가 사는 동안 삶을 포기하는 것' "이라고 했다.

네트웍 마케팅은 수많은 사람들에게 참여와 기회를 통해 도전해 볼만한 가치를 부여하고 있다. 즉, 네트웍 마케팅은 자영사업가들이 일궈온 성장의 발자취를 따라만 가도 목표를 달성할 수 있을 뿐만 아니라 누구나 노력만 하면 성공적인 삶을 영위할 수 있는 기회를 제공하는 것이다.

나는 지난 10여 년 동안 한국의 네트웍 마케팅 산업이 걸어온 수많은 과정 속에서 무엇이 옳고 그른가를 연구해 왔다. 그리고 직접 이 업계에서 성공한 사람들이 흘린 땀과 눈물을 현장에서 함께 느끼기도 했다. 그러한 작업을 통해 나는 '성공이란 무슨 일에서든 그리 쉽게 일궈낼 수 있는 것이 아니다' 라는 것을 느낄 수 있었다. 더불어 성공한 사람들을 통해 성공의 모델을 배워 쉽게 따라하면서 성공할 수 있는 비결을 보다 많은 사람들에게 전하고자 노력해 왔다.

이제 네트웍 마케팅 사에 선구적 업적을 남긴 {제 4의 물결}의 저자 리처드 포와 {위대한 네트워커}의 저자 존 밀튼 포그가 그러했듯 변화해 가는 디지털 시대에 경제적 자유를 열망하는 사람들에게 나의 작은 노력이 힘이 되고 용기를 주는데 기여할 수 있기를 진심으로 바라며 네트웍 사업을 통해 성공적인 삶과 경제적 자유를 누릴 수 있기를 바란다.

끝으로 이 책을 발간하기 위해 각종 데이터 관리에서 자료정리에 이르기까지 헌신적으로 도와주신 이상해 씨께도 진심으로 감사드린다.

2000년 11월
저자 김시중
월간 〈다이렉트셀링〉 발행인

제1부
네트워크 마케팅의
현재와 미래

미래의 이야기 한 토막

"수잔 에디슨은 현관에 기대어 콜로라도의 집 발코니 너머 야생화로 뒤덮인 초원과 그 뒤의 웅장한 산을 바라보았다. 가슴 깊이 숨을 들이마신 그녀는 만족스런 웃음을 머금고 커피 잔을 가지러 다시 집안으로 들어갔다.

커피 잔을 받쳐든 그녀는 밖으로 나오지 않고, 밝은 햇빛이 가득한 거실로 향했다. 그리고 실내에 설치된 영상 프로그램에 작동 명령을 내린 다음, 홀로그램 네트웍에 전화를 걸어 마음에 두고 있던 소파 스타일을 골랐다. 그러자 즉각 그녀가 요구한 천의 소파가 정확히 방에 나타났다.

수잔은 3차원 영상의 소파를 한동안 꼼꼼히 살펴보고는 머리를 약간 저으며 실물같은 홀로그램 영상을 이리저리 움직여 보았다. 즉, 리모콘을 두 번 클릭해서 바깥에 핀 봄꽃의 음영을 보다 잘 반영할 수 있는 천으로 바꿔 본 것이다.

'그래 바로 이거야.'

이것저것을 클릭하던 수잔이 드디어 미소를 지었다.

그녀는 리모콘으로 다시 비디오 스크린으로 돌아가 한 번 클릭해서 소파를 주문하고 다시 한 번 더 클릭해서 배달을 요청했다. 그리고 만족을 느낀 그녀는 비디오 스크린을 끄라고 명령했다. 그녀의 명령으로 소파의 모습은 사라졌지만 이틀 후면 거실에 자신이 원한 그 소파가 놓여 있을 것이다.

수잔은 제니퍼 웰링턴을 생각하고는 다시금 미소를 지었다. 제니퍼는 그녀의 치과의사로 소파 구입으로 인한 커미션을 받게 될 것이다. 왜냐하면 제니퍼는 치과의사라는 직업 외에도 부업으로 가구를 판매하는 네트워크 마케팅 회사에 속해 있기 때문이다. 수잔은 제니퍼의 위성 홀로그램 네트웍을 통해 소파를 구매함으로써, 이제 거의 그 명맥이 사라질 위기에 놓여 있는 일반 소매점에서 가구를 구입하는 것보다 약간의 비용을 절약하게 되었다. 이런 식으로 구매를 하면 제니퍼에게 도움을 줄 수 있고, 제니퍼 또한 그녀에게 있어 최고의 고객이었다.

수잔은 오늘 아침 자신의 결정에 흡족해 하며 거실을 한 번 더 바라보고는 홀을 지나 자신의 사무실로 향했다. 오늘 아침 첫 회의 시간이 10분 후에 열릴 것이었다. 수잔은 전국 화상회의 전화로 사업 동료 6명과 이야기를 나누었다.

그녀는 회사의 위성 네트웍 개인채널을 통해 매주 화요일 아침 양방향 비디오로 1,500명의 신규 고객과 이야기를 한다. 그리고 버튼 하나로 매주 자신의 전세계 다운라인 사업자 3만 명에게 전자우편을 통한 뉴스레터를 발송한다.

발코니에서 점심을 먹고 난 후 수잔은 초원을 산책하였다. 아이들이 곧 돌아올 것이다. 바로 이 때가 분주한 아침을 보내고 잠시 그녀만의 시간을 가질 수 있는 가장 좋은 기회였다.

수잔은 다시 한 번 미소를 지었다."

이것은 마이클 S. 클라우스의 {미래의 선택}에서 발췌한 것이다.

꿈같은 이야기로만 들리는가!

먼 나라의 이야기처럼 느껴지는가!

물론 미래의 사람들을 위한 꿈같은 생활로 여겨질지도 모른다. 직장에 얽매일 필요도 없고 상사도 없으며 자기 시간은 자기가 조절할 수 있고 자신의 노력에 의해 성공과 실패가 결정되는 것이다. 언제 어디서든 컴퓨터와 무선전화 하나면 아무런 장애도 받지 않고 얼마든지 일을 할 수 있다.

현실을 직시하면 미래가 보인다

[USA 투데이]에 따르면 25~44세 성인 인구의 96%는 자기 사업을 하는 데, '대단히 관심이 높다'고 한다. 사실, 오늘날 전세계적으로 이름을 드날리고 있는 휴렛 팩커드, 애플 컴퓨터, 도미노 피자, 나이키, 월트 디즈니 등의 사업체도 최소의 비용을 투자하는 허름한 공간이나 집에서 시작되었다. 결국 재택사업이 최상의 사업모델로 떠오르고 있는 것이다.

이러한 추세에 따라 자영업자의 수는 갈수록 증가하고 있다. 왜냐하면 국가 경제 자체가 산업 사회에서 정보와 서비스 중심의 사회로 전환해 감에 따라 사람들의 생계유지 방식이 변화되고 있기 때문이다.

하지만 이러한 변화는 많은 사람들에게 고통을 안겨 주고 있다. 지난 몇 년 동안 수 백 만의 사람들이 직장에서 해고되었던 것이다. 그들은 예전과 같은 수준의 급여, 안정적인 일자리를 찾기 위해 여기저기 방황하고 있지만 원하는 직장을 찾은 사람은 극히 일부분일 뿐이다.

과거에 있었던 기업의 감원조치는 비용을 절감하기 위한 고육지책의 일환이었다. 즉, 기업들은 힘든 시기를 극복하기 위해 일시적으로 인원을 감축했다가 경제가 회복되는 대로 해고한 직원들을 다시 고용했던 것이다. 하지만 이제는 사정이 다르다.

오늘날의 감원조치는 잉여인력 해고에 초점이 맞춰진다. 즉, 기술의 발전으로 인해 적은 인력으로 더 높은 효율을 올리게 되자, 기업은 높은 수익을 올리고 있으면서도 군살빼기 식의 인원감축을 하고 있는 것이다.

게다가 경제여건에 상관없이 그리고 시기에 구애받지 않고 인원감축이 이뤄지고 있으며 한 번 감축된 인원은 다시 충원되지 않는다는 특징을 지니고 있다. 또한 필요한 만큼만 일을 하고 각종 수당도 받을 수 없는 계약직 사원으로 일해야 하는 경우도 많이 있다.

이것은 결국 기존의 일자리가 빠른 속도로 줄어든다는 것을 의미한다.

그리고 문제는 어떻게 해서든 가족들을 먹여 살리고 자신도 살아야 한다는 것이다. 하지만 통계청의 최근 자료에 의하면 자녀 1인당 평균 교육비는 무려 6,500만원이며 여기에다 사교육비를 합하면 최소한 9,500만원 정도가 소요된다고 한다. 또한 결혼비용으로 약 8,000~1억원 정도의 비용이 필요하다고 한다.

그렇다면 자신의 노후생활 대책은 어떻게 세워야 할 것인가? 최소한의 생활비로 따져서 현재 월평균 100만원 정도를 지출하고 있다면 55세 퇴직 후 20년을 더 산다고 가정했을 때 100만원×12개월×20년이라는 공식에서 총 2억 4천만 원이라는 돈이 필요하게 된다.

하지만 우리나라 가구당 월평균 저축액은 50만원에도 못 미치는 것으로 나타나고 있다. 그렇다면 미래에 누군가에게 의지하며 살거나 지원대책이 허술한 정부만 믿고 있어야 한단 말인가!

뭔가 대책을 세워야 한다.

오늘날 실업 인구층을 살펴보면 우수한 두뇌를 갖고 의욕이 넘치며 높은 동기를 지니고 있는 사람들이 매우 많다. 한 마디로 능력있는 사람들인 것이다. 하지만 그들의 실직이 일시적인 것도 아니고 또한 업계에 단기적으로 찾아온 주기적 현상도 아니라는데 문제의 심각성이 있다. 아마도 실직한 사람들은 대부분 두 번 다시 자기 자리로 되돌아가지 못할 것이다.

그렇다고 주저앉아 세상만 탓할 수는 없다. 어떻게 해서든 스스로의 경제적 미래를 책임져야 하는 것이다. 즉, 자신의 사업적 능력을 발휘하여 미래를 개척해야 한다.

실제로 1995년 현재 미국 전체 가구의 44%는 스스로 소득을 창출하거나 부업을 갖고 있으며 그 수치는 지속적으로 증가하고 있다. 경제전문가들은 한 달에 20만원에서 50만원 정도의 추가수입만 있어도 삶의 질이 현저하게 향상될 것이라고 한다.

그 정도의 추가수입이 생긴다면 투자를 목적으로 하는 구좌를 개설하거나 좀더 괜찮은 자동차를 구입할 수 있고 주택할부금을 부담없이 지불할 수도 있다. 또한 가족들과 함께 즐길 수 있는 시간을 늘릴 수 있고 아이들을 위한 사교육비에도 많은 보탬이 될 수 있다.

에드워드 D. 할로웰 박사는 "돈은 아주 멋진 것이다. 적절한 곳에 경제적인 인센티브를 제공하면 사람들에게서 최상의 능력을 이끌어낼 수 있고 또한 돈의 힘은 의학 연구의 방향을 조종하고 예술에 힘을 불어넣는다"라고 하였다.

실제로 병원과 업계 관계자들에 의하면 1997년 3월말 현재 의료계에 네트웍 사업자의 범위가 수련의에서 전문의 그리고 개업의에 이르기까지 광범위하게 늘어가고 있다고 한다.

K대 병원 레지던트 3년 차 Y씨는 "내과 등 몇 몇 과를 중심으로 10여명 정도가 네트워크 마케팅 사업을 하고 있다"며 "다른 병원에도 상당수의 사람들이 활동하고 있는 것으로 알고 있다"고 말해 의사들의 참여가 날로 늘어나고 있음을 짐작케 한다.

이러한 현상을 두고 의료계에서는 의사 공급과잉에 따른 심리적인 불안감이 네트워크 마케팅 사업에 눈을 돌리게 하는 주된 이유라고 보고 있다.

1996년 4월에 네트워크 마케팅 사업에 뛰어든 T씨는 "의사는 우리 사회에서 이미 공급과잉 상태이기 때문에 누릴 수 있는 부(富)도 줄어들고 있다. 이제 의사들도 경제적으로 도움이 될 수 있는 새로운 일을 찾아야 할 때이다"라고 말했다.

경기도 안산에서 안과의원을 개업한 K씨는 오후 6시가 지나면 하얀 가운을 벗고 네트워크 마케팅 사업자로 나선다. 그는 현재 3차례 월 판매액 1천 만원 이상을 거둔 사람이 오를 수 있는 '골드 프로듀서' 단계에 이르러 매달 수 백 만원의 부수입을 올리고 있다고 한다.

또한 L산부인과 마취과장 K씨는 일주일에 3~4차례 퇴근 뒤 사람들을 만난다. 그리고 동료의사, 학교 동창 등 아는 사람이면 누구나 집으로 초대하거나 직접 방문해 부엌세제, 비누, 치약, 화장품 등을 팔고 자신이 관리하는 회원(다운라인)의 판매액을 보태 월 1천 만원 가까운 총매출을 올리고 있다.

그는 "의사라는 직업 때문인지 내가 하는 일에 호기심이나 신뢰감을 보이는 사람이 많아 회원 모집에 유리하다"고 말했다.

갈수록 더 많은 사람들이 세계 경제의 불확실성이 지니고 있는 또 다른 측면 즉, 확실한 기회를 모색하고 있다. 그들은 그러한 노력을 통해 자신의 재택사업을 선택하고 있고 오늘날의 변화무쌍한 사업동향을 두려워하는 것이 아니라 오히려 그것을 이용하고 이해할 줄 안다. 즉, 네트워크 마케팅이라는 사업개념을 이용하여 장기적인 추가 소득과 개인의 자유를 구축하고 있는 것이다.

광속으로 변화가 이루어지는 정보화 시대에 살아남기 위해서는 오늘 내가 내리는 선택, 내가 취하는 전략이 곧바로 미래의 삶을 결정하게 된다. 그리고 네트워크 마케팅을 선택하는 사람들은 분명히 올바른 선택을 하는 것이다.

지금처럼 사업 기회가 무한한 때는 없었다.

지금 네트워크 마케팅을 선택하는 사람들은 특별한 이익을 얻게 될 것이다. 왜냐하면 지금 네트워크 마케팅 업계는 가장 강력한 발전 단계로 진입하고 있기 때문이다. 이 단계를 제 4물결이라 하며 이것은 곧 네트워크 마케팅 유아기의 종결을 의미한다.

이제 사람들은 더 이상 네트워크 마케팅 사업을 일확천금을 노리는 사기꾼들이 득실거리는 미숙한 사업으로 보지 않는다. 결국 네트워크 마케팅이 21세기의 핵심적인 사업으로 자리하고 있는 것이다.

오래 전부터 전문가들은 "21세기는 소비자가 원하는 것은 무엇이든 입맛대로 제공할 수 있는 '맞춤식 서비스'가 살아남는 인터넷 시대 즉, 풍요의 시대가 될 것"이라고 예견해 왔다.

그 예견은 반드시 실현될 것이고 이미 그런 단계에 돌입해 있다. 하지만 아무런 노력없이 그러한 풍요를 누릴 수는 없다.

기회를 잡고자 하는 선택을 해야 하는 것이다.

네트워크 마케팅이 주목받는 이유

네트워크 마케팅은 독립적인 판매원이 다른 판매원을 모집하고 자신이 모집한 판매원의 매출액에 대한 커미션을 받는 제품판매전략이다. 그리고 네트웍 망에 사람들을 참여시키고 그 사람들이 또 다른 사람들을 참여시키는 식으로 하나의 라인을 형성하면서 계속 밑으로 내려가게 된다.

그렇기 때문에 판매경험이 없거나 인맥이 극히 제한된 경우라 할지라도 여러 단계의 하위 라인을 두고 수 백 또는 수 천 명에 이르는 판매조직을 구축하여 많은 돈을 벌 수 있는 기회가 주어진다.

업계소식통에 의하면 네트워크 마케팅 사업체의 1999년 한해 총매출액은 9,146억원에 달하며 2000년 상반기에만 해도 99년 상반기 대비 157%나 증가한 8,620억원의 매출액을 나타냈다고 한다. 이것은 경기활성화 추세나 외국계 회사들의 국내 진출이라는 요소도 작용했지만, 무엇보다 일반인들이 피라미드와 네트워크 마케팅을 구분하게 된 것이 신장세의 윤활유 역할을 하고 있는 것이다.

실제로 미국에서는 800만이 넘는 사람들이 네트워크 마케팅 사업을 전개하고 있다. 그렇다면 그토록 많은 사람들이 네트워크 마케팅을 선택하는 이유는 과연 무엇일까?

왜냐하면 네트워크 마케팅은 정보화 시대의 가장 골치 아픈 문제 즉, 일자리가 사라진 세상에서 어떻게 먹고살 것인가 하는 문제에 대해 해법을 제시하고 있기 때문이다.

네트워크 마케팅은 유통시스템의 대안이다. 그것은 현재 재래식 유통방식에 의존하고 있는 수많은 기업들이 고전을 면치 못하고 있는 반면, 네트워크 마케팅은 급속도로 빠르게 확대되어 발전하고 있는 것만 보아도 알 수 있는 것이다.

일반적인 유통방식에서는 제품이 어떻게 소비자에게 전달되는가?

가장 많이 알려진 것은 물론 소매방식이다.

일단 하나의 제품이 출시되면 기업은 소비자들의 구매욕구를 불러일으키기 위해 엄청난 돈을 들여 광고를 내보낸다. 그리고 전국 각지의 도매업자와 유통업자에게 제품을 판매해야 한다. 그러면 도매업자들은 트럭업자, 창고 노동자, 사무원 등 또 다른 중간상인에게 돈을 지불하게 된다.

결국 소비자들은 원래의 제품가격에 유통비용과 유통관계자들에게 제공할 이윤을 더한 가격으로 제품을 구입하게 되는 것이다.

게다가 일반 소매점으로 이동한 제품은 다른 제품보다 좀더 소비자의 눈에 쉽게 들어오도록 하기 위해 자릿세를 지불해가며 치열하게 공간을 확보해야 한다. 물론 그 비용 역시 소비자의 부담으로 남는다. 여기에 매장 광고비, 전기세, 인건비 등의 감가상각비용도 마찬가지로 소비자가 부담해야 한다.

그렇게 비싼 값으로 물건을 구입하면서도 소비자들은 매장을 이리저리 돌아다니며 다리 품을 팔아야 하고 게다가 계산을 위해 돈을 지불할 때까지 한참이나 기다려야 한다.

물론 다른 방법으로 물건을 손에 넣을 수도 있다. 소비자들은 편리함과 저렴한 비용을 제공하는 즉, 보다 나은 방법을 찾기 위해 끊임없이 동분서주하는 것이다.

매주 수 십 만의 소비자들이 대형 할인매장을 찾아가고 있으며 하루에도 수 십 번씩 할인매장의 소형 버스들이 소비자들을 실어나르고 있다. 그리고 회원제 할인매장은 연간 소액의 회비를 받고 대량 구입에 대해 상대적으로 저렴한 가격을 제시한다.

또한 통신판매회사들은 고정고객을 확보하여 정기적으로 카탈로그를 보내주고 다양한 제품과 A/S에 신경을 쓰며 소비자의 집까지 배달해주는 장점을 지니고 있다.

하지만 네트워크 마케팅은 현재 소비자 위주로 발달하고 있는 모든 유통 시스템의 가장 좋은 측면들을 결합하고 있다. 최고의 전문 매장에서 제공하는 고급상품, 카탈로그 구매의 편리함, 직접 판매로 인한 비용절감, 집까지의 직접 배달로 인한 편리함과 시간절약 등이 그것이다. 그리고 네트워크 마케팅은 이 개념에 한 단계를 더 추가한다. 그것은 바로 판매와 유통 형식에 참가하는 모든 사람들에게 보상을 해주는 것이다.

그렇기 때문에 〔석세스〕지는 네트워크 마케팅을 두고 "소비자와 연결되는 가장 강력한 방법"이라고 평가한다.

쇼핑문화의 변화

21세기에는 '소비자가 상점에 찾아가는 것이 아니라, 상점이 소비자를 찾아올 것'이라고 한다.

이미 수많은 소비자들이 기존의 소매상을 이용하는 대신 카탈로그 통신판매, TV 홈쇼핑, 인터넷 사이버공간으로 이용 공간을 옮겨갔고 앞으로 그러한 현상은 더욱더 심화될 전망이다.

여기에 네트워크 마케팅 사업자들이 쇼핑문화의 변화에 한 몫을 하고 있는 것이다. 이러한 현상을 두고 페이스 팝콘은 이러한 전망을 내리고 있다.

"앞으로 네트워크 마케팅은 기존의 일반적인 마케팅처럼 보편화될 것입니다. 이제는 소비자가 알아서 찾아오리라는 기대를 버려야 합니다. 소비자에게로 직접 찾아가는 기업만이 살아남을 수 있습니다."

이 부분에 있어서 네트워크 마케팅보다 더 나은 마케팅 전략은 아직 없다. 아무리 폐쇄적이고 개성이 강한 사람이라 할지라도 친구나 친척, 동료가 특별히 추천하는 제품이나 서비스에 대해 귀를 기울이게 되는 것이다.

만약 네트워크 마케팅 사업자가 회사의 프로그램이나 스폰서의 교육과정에 충실히 임한다면, 그 사업자는 상대방의 반감을 사지 않고 판매나 사업기회에 대한 설명을 훌륭하게 해낼 수 있을 것이다. 그러므로 그들은 상대방의 두터운 심리적 방어벽을 보다 쉽게 허물게 된다.

또한 네트워크 마케팅의 사업자들은 소비자를 기다리기 않고 직접 찾아간다. 그리고 이미 알고 있는 소비자를 찾아가는 것이기 때문에 상대방의 반감을 사지 않고 자연스러운 상태에서 사업을 전개하게 된다.

네트워크 마케팅은 또 다른 측면에 있어서도 계속 진화를 거듭해 왔다. 즉, 마케팅의 발달로 이제는 일반적인 사람들의 95% 이상이 판매에 대한 거부감을 느끼고 있는 상황에서 '판매'를 하지 않고도 고객에게 직접 제품을 제공할 수 있는 방법을 알게 된 것이다.

네트워크 마케팅 사업자들은 이미 알고 있는 사람이나 비즈니스 관계를 통해 만나는 사람들 사이에서 자신의 고객 네트웍을 구축하기 때문에 낯선 사람에게 무작정 찾아갈 필요가 없다. 즉, 입으로의 구전광고를 통해 관심이 있는 사람만 스폰서하고 그들이 계속 그 과정을 진행하도록 교육하기만 하면 되는 것이다.

그리고 네트워크 마케팅이 쇼핑문화의 변화를 선도하는 이유 중의 하나는 네트워크 마케팅 기업들이 혁신과 창조성의 최첨단에 있는 제품과 서비스 그리고 다른 어디에서도 구할 수 없는 제품들을 판매하고 있기 때문이다.

결국 네트워크 마케팅의 사업자들은 건강에 유익하고 자연적이며 토양 친화적인 제품 그리고 현대를 살아가는 사람들의 삶에 건강과 보상을 가져다주는 제품을 보급하는데 선도적 역할을 수행하고 있는 것이다. 물론 이러한 역할을 수행하려면 무엇보다 선행되어야 할 것이 올바른 네트워크 마케팅 회사를 선택하는 일이다.

사업기회(Business Opportunity)를 제공한다

네트워크 마케팅이 주는 엄청난 사업기회를 정의하면 다음과 같다.

첫째, 네트워크 마케팅의 사업자가 된다는 것은 직업(occupation)의 개념이 아니라 독자적인 자기 사업기회(business opportunity)를 갖는다는 것을 의미한다.

둘째, 네트워크 마케팅은 사업을 영위하기 위해 투입해야 하는 시간(time)과 노력(commitment)의 정도를 스스로 조절할 수 있다. 다시 말해 어느 정도의 노력과 시간을 투자할 것인가 하는 문제는 자기 자신에게 달려 있는 것이며 그 누구의 간섭도 받지 않는다. 이러한 장점이 있기 때문에 네트워크 마케팅 사업자의 상당수가 부업의 형태로 참여하고 있으며 또한 이것은 쉽게 네트워크 마케팅을 시작할 수 있는 요인이 되고 있다.

셋째, 네트워크 마케팅은 사업자가 되기 위한 초기비용(entry cost)이 매우 낮다. 따라서 큰 투자없이 사업을 시작할 수 있다는 점을 동기부여(self-motivated)하여 사업자를 빠른 시간 내에 많이 확보할 수 있게 해준다. 왜냐하면 투자하는 것이 없으므로 리스크가 없기 때문이다.

넷째, 네트워크 마케팅에서는 회사가 원하는 것과 사업자가 원하는 것이 같다. 즉, 사업자는 많은 소비자를 확보하고 그들을 다시 사업자로 육성하여 관리함으로써 '다운라인' 을 확대하는 것이 목적이며 이것은 곧 회사가 원하는 것이기도 하다.

그러므로 네트워크 마케팅에서는 제품을 이동시키는 사업자가 곧 소비자라는 개념 하에 사업자와 회사를 동일한 시각으로 묶어 준다.

사업자가 얻게 되는 이점

① 재택근무

네트워크 마케팅 사업은 '무점포' 판매방식이므로 특정한 사업장이나 판매장을 갖출 필요없이 누구나 '가정 혹은 직장을 사업장' 으로 활용할 수 있다. 즉, 네트워크 마케팅 사업을 시작하는 사람은 재택근무 혹은 외부 사무실 어디에서나 일할 수 있는 것이다. 이것은 사업자의 선택에 달려 있는 문제이다.

② 세금혜택

네트워크 마케팅의 사업자는 자영사업자 대상 세금혜택을 받을 수 있다. 집을 사무실로 이용한 부분이나 다음의 합법적인 비용 (증빙자료 제출시)에 대해 세금감면을 받을 수 있는 것이다.

- 출장
- 교육 워크숍
- 식대(회의나 프리젠테이션에 사용된 경우)

③ 자유로운 시간활용

네트워크 마케팅의 사업자는 원하는 시간에 일을 할 수 있다. 물론 사업자가 투자하는 시간은 자신이 원하는 성공의 정도나 사업내용에 따라 달라질 것이다. 어떤 사업자는 스스로 9시에서 5시까지를 근무시간으로 정해 놓는다. 그리고 대부분의 사업자들은 기본 근무시간에 저녁시간과 주말을 포함시킨다. 왜냐하면 기존 및 예상고객이나 다른 사업자와 연락을 취하여 지원하는 일은 '쉬는 시간'이 훨씬 더 용이하게 이루어지기 때문이다.

④ 즐기면서 하는 사업

대부분의 판매와 사업설명회는 언제 어디에서나 할 수 있다. 일부 성공한 사업자의 경우에는 계속해서 멋진 장소로 '휴가' 여행을 다니며 전세계를 무대로 고객기반과 개인 그룹을 확대시키고 있다.

특히 사업설명회나 제품설명회는 식사나 기타 모임과 연계하여 이루어지며 네트워크 마케팅 회사는 사업자를 위한 컨벤션, 펑션, 랠리 등을 개최하여 성취에 대한 인정과 축하 공연 등 가능한 한 즐거운 분위기를 조성한다.

⑤ 사업영역의 지리적 확대

대부분의 네트워크 마케팅 회사들은 사업자가 제품을 전국적으로 이동시키면서 전국의 사업자로 구성된 개인그룹을 조직할 수 있도록 하고 있다. 그리고 보통은 사업자 활동영역을 제 3국으로까지 확장시키고 있다. 따라서 아시아, 유럽, 미주, 오세아니아,

중남미 등 전세계적으로 그 영역이 지속적으로 확대되고 있는 추세이다.

⑥ 가족 사업

현재 네트워크 마케팅 사업에 참여한 사람들을 보면 주로 남성보다는 여성이 많은 편이다. 하지만 이것은 사업의 성숙도와 함께 필연적으로 많은 변화가 뒤따를 것으로 예상된다. 왜냐하면 최근에는 여성의 성공에 자극받은 남성의 참여가 두드러지고 있고 때문이다.

특히 네트워크 마케팅 회사에 등록한 아내의 성공이 일반 사업체에서 일하고 있는 남편의 성공을 앞지르기도 한다. 이런 경우 남편이 아내의 시간제 또는 정식 네트워크 마케팅 사업 파트너가 되는 사례가 많다.

아내와 남편이 함께 사업에 참여한다면 능력적인 면에서 많은 이점이 있다. 우선 사업설명과 다운라인 관리 등 책임을 분담할 수 있으며 자녀와 함께 할 수 있는 시간이 많아지기 때문이다.

⑦ 독립적인 삶

네트워크 마케팅 사업자는 두 가지 형태의 독립이 가능하다.

첫째는 자신의 시간과 근무 장소를 소유하고 관리할 수 있는 독립으로 이미 앞서 언급된 부분이다.

둘째는 스스로가 자신의 인생의 주인이 되는 것이다. 네트워크 마케팅 회사에 참여함으로써 거의 제한을 받지 않고 자신의 운명을 지배할 수 있는 기회가 주어진다. 이렇게 함으로써 사람들은 네트워크 마케팅 사업을 통해 자존심과 자신의 가치를 높일 수 있다는 것을 경험하게 된다.

사업자는 네트워크 마케팅 회사에서 자신의 꿈과 원하는 성공을 일반적인 회사처럼 고용주나 시간, 월급에 구애받지 않고 이룰 수 있다. 왜냐하면 사업자로서의 발전은 단순히 회사의 규칙과 정책, 보상플랜에 따른 자신의 업무수행과 성취에 따라 결정되기 때문이다.

⑧ 평등한 기회

어느 누구라도 차별대우를 받지 않는다. 사업방식의 대부분은 회사의 공식적인 채널을 통해 배우게 되고 성공시스템은 이 사업으로 이미 성공한 사람들의 체험담을 통해 입증된 방식을 응용하기 때문이다. 학력, 출신, 종교, 재정 상태, 과거 근무 경험, 성별과 같은 개인적 특성은 네트워크 마케팅 사업에서 성공의 장애요소가 되지 않으며 성공 여부를 판가름하는 척도도 아니다.

이러한 여건 때문에 과거에 부정적인 이력을 갖고 있거나 법적으로 문제가 있던 사람들도 성공할 수 있는 '제 2의 기회'를 얻게 된다. 네트워크 마케팅이라는 자영사업을 전개하면서 '눈에 보이지 않는 한계'란 없다. 자신의 성공은 자신의 노력, 능력, 행동력의 결과이며 다른 사람들이 부과한 한계에 결코 구애받지 않는다.

삶의 질을 업그레이드하는 네트워크 마케팅

"네트워크 마케팅 방식을 따르는 당신은 애써 시장에 나가거나 전화를 걸어 배달을 부탁할 필요도 없다. 고객은 그저 '네' 라고 대답하기만 하면 된다. 네트워크 마케팅의 사업자들은 가장 열정적이고 헌신적인 판매 전문가들이기 때문에 고객의 필요를 미리 알고 있는 것이다."

찰스 위트록은 『부자가 되는 방법』이라는 책에서 이렇게 말하고 있다.

이제 소비자들은 생활에 필요한 거의 모든 것을 네트워크 마케팅을 통해 구입할 수 있다. 그리고 수많은 기업들이 네트워크 마케팅을 통해 사업을 성공적으로 구축하고 있다.

제너럴일렉트릭, 질레트, 모토로라, 코카콜라, IBM, 포드, 제록스 등 세계 굴지의 대기업들은 물론이고 국내의 삼성, LG, 코오롱, 한국통신, 신동방, 세모, 풀무원 등 많은 기업들이 네트워크 마케팅을 직접 하고 있거나 제휴관계를 맺고 있는 것이다.

실제로 이러한 노력은 엄청난 효과를 나타내고 있으며 한 때 네트워크 마케팅의 강력한 힘을 거부하여 상처를 입게 된 미국의 'AT&T' 사는 'MCI' 사에 빼앗긴 고객을 되찾기 위해 안간힘을 쓰고 있다.

지난 몇 년 동안 네트워크 마케팅 회사들은 최고의 품질, 가장 혁신적인 제품으로 소비자들의 각광을 받아왔다. 특히 몇 몇 제품은 다른 기업에서 모방하기 힘들 정도로 탁월한 것이었다.

한 예로 암웨이는 GM, 크라이슬러, 포드사의 자동차에서부터 핫포인트(Hotpoint)와 월풀(Whirlpool)의 가전제품 그리고 MCI의 장거리 전화 서비스까지 판매하고 있다. 그리고 암웨이의 인터넷 가상 쇼핑공간과 6,500여개 제품 및 서비스를 소개하는 카탈로그는 기업들이 나아갈 방향을 보여주고 있다.

네트워크 마케팅 업계의 분석가들은 네트워크 마케팅을 통해 이동하는 제품 및 서비스의 규모가 향후 몇 년 동안 1년에 30% 정도로 증가할 것이라는 예측을 내놓고 있다. 우리 나라 경제성장률이 두 자리 수를 넘기 힘들다는 점을 감안하면 엄청난 수치인 것이다.

오늘날 소비의 주축을 이루고 있는 소비층들은 건강, 활력, 외모, 편리함을 추구한다. 그들은 건강과 매력을 얻게 해주는 고품질의 제품과 가치로운 것을 원하는 것이다. 그리고 형편이 다소 어려울지라도 그 정도는 누릴 자격이 있다고 생각하기 때문에 자신이 원하는 것을 위해 기꺼이 돈을 지불한다.

그들의 관심은 오직 개인화, 차별화에 있는 것이다. 그리고 그들은 오늘날의 시장에서 가장 중요하게 고려되고 있는 세력이다. 바로 이러한 점을 잘 알고 있는 네트워크 마케팅 기업들은 천연식품, 유기농산물, 약초 성분의 화장품 및 스킨 케어 제품, 토양친화적 재활용제품 등 수년 동안 개인적이고 차별적인 제품을 만들어냈다.

그리고 이들은 소비에서뿐만 아니라 일을 하는 데 있어서도 보다 지혜로운 아이디어를 창출하여 가족들이나 세상 사람들에게 좀더 많은 것을 주고자 노력한다. 즉, 자신의 꿈을 실현하기 위해 더 나아가 세계의 번영된 미래를 위해 뭔가를 창조하고자 하는 욕구를 지니고 있는 것이다.

그러한 욕구를 지닌 사람들에게 기회를 제공하는 것이 바로 네트워크 마케팅이다. 지금 이 순간에도 수많은 사람들이 삶의 질을 향상시키기 위해 네트워크 마케팅을 선택하고 있으며 실제로 네트워크 마케팅을 통해 꿈을 이루고 풍요로운 삶을 유지하고 있다.

네트워크 마케팅에 참여하는 방법

사람들은 보통 아는 사람이 제품을 가지고 접근해 올 때, 처음으로 네트워크 마케팅을 접하게 된다. 그리고 이미 많은 사람들이 네트워크 마케팅 사업가로부터 제품을 구입하거나 서비스를 제공받은 경험을 갖고 있다. 그들은 비록 처음에는 안면 때문에 혹은 의리, 정으로 인해 제품을 구입하지만 일단 제품이나 서비스를 이용해 보고 나면 스스로 그 가치와 품질을 인정하고 자신도 회원으로 가입하게 된다.

네트워크 마케팅에 참여하는 방법은 기본적으로 다음의 세 가지이다.

① 단순한 소비자
네트워크 마케팅에 참여하는 사람들 중의 대부분은 품질좋은 제

품을 할인가로 구매할 수 있다는 이점을 누리기 위해 회원으로 가입한다. 즉, 싼값으로 제품을 구입하여 자신이 사용하기 위해 연회비만 지불하고 회사나 자신의 스폰서에게서 할인된 가격으로 제품을 구매하는 것이다.

② 부업으로 참여하는 사업자

부업으로써 네트워크 마케팅을 전개하는 사람들은 자기 자신이 우수한 품질의 제품을 저렴하게 사용하는 것은 물론이고 친구나 이웃, 친척들에게 자신이 얼마나 좋은 제품을 사용하고 있는지 이야기한다. 그리고 사람들을 회사에 소개하고 그들도 자신처럼 동일한 혜택을 누릴 수 있도록 도와준다.

그러한 활동으로 인해 그들은 회사로부터 보너스를 받게 되는데, 보통 자신이 스폰서한 사람들의 총매출액에 대해 회사가 정해 놓은 일정비율로 받는다.

현재 네트워크 마케팅 사업에서 성공자로 자리매김한 사람들 중에는 단순한 소비자나 부업으로 시작한 경우가 많이 있으며, 실제로 전체 네트워크 마케팅 사업자의 90% 정도가 부업으로 이 사업을 시작하고 있다.

네트워크 마케팅에서는 자신이 구축한 네트웍 망이 성장함에 따라 한 달에 50만원에서 100만원 혹은 그 이상의 소득을 창출하게 되는데, 꾸준히 노력하여 상당한 규모의 네트웍 망이 형성되거나 혹은 자신이 스폰서한 사람이 그러한 네트웍 망을 구축하게 되면 소득이 빠른 속도로 증가하게 된다.

실제로 네트워크 마케팅 사업을 부업으로써 시작한 사람들은 한 달에 30만원 혹은 50만원 정도를 벌겠다는 생각으로 시작하게 된다. 그러다가 사업에 대해 어느 정도 눈을 뜨게 되면 한 달에 100만원 200만원 혹은 그 이상을 벌어들이게 되는 것이다.

③ 전업으로 참여하는 사업자

전업으로써 네트워크 마케팅에 참여하는 사람들은 자신이 사용할 목적으로 자사 제품을 구매하는 것은 물론이고 이용 가능한 모든 시간 동안 네트워크 마케팅 사업에 전념하면서 자신의 회사와 제품 그리고 사업의 기회에 대해 사람들에게 이야기를 한다.

물론 초기에는 고전을 면치 못하는 사람들도 많이 있다. 하지만 2~5년 동안 꾸준히 노력하면 반드시 그 보답을 해주는 것이 바로 네트워크 마케팅 사업이다.

네트워크 마케팅의 장점 중의 하나는 사업자 자신의 노력에 대해서뿐만 아니라 자신이 가입시킨 사람들의 노력에 대해서까지 보상을 받는다는 데 있다. 심지어 자기 밑으로 네 번째, 다섯 번째 하위 레벨에 대해서까지 보상을 받는 것이다.

즉, 네트워크 마케팅 회사들은 광고비와 유통에 지출되는 비용을 없애고 그것을 제품을 직접 판매한 사람들, 즉 사업자들에게 보너스 형식으로 돌려주는 시스템으로 이루어져 있다. 이것은 사업자들에게 엄청난 결과를 제공하기도 하는데 전세계적으로 한 달에 1천 만원, 3천 만원 혹은 1억원 가까이 벌어들이는 사람들도 있는 것이다. 남들이 연봉 2천 만원, 3천 만원 따지는 동안에 그들은 한 달에 그 이상을 벌어들이고 있는 셈이다.

더블링(doubling)의 원리

더블링 개념은 네트워크 마케팅에 있어서 가장 강력한 원동력으로 지수적인 보상체계의 기본이 된다.

예를 들어 오늘 1원을 저축한다고 하자. 그리고 그 다음 날부터 매일 그 돈의 두 배씩 저축한다. 그 계산은 매우 간단한 것으로 첫째 날에 1원이었다면 둘째 날에는 2원, 셋째 날에는 4원이 된다. 그리고 일주일째가 되면 64원이 된다.

둘째 주말이 되면 8,192원이 되고 셋째 주말에는 1,048,576원이 되고 한 달쯤 되면 170억이 넘는 돈을 모으게 된다.

그러면 더블링이라는 것이 실생활에서 어떻게 작용하는지 살펴보기로 하자.

당신이 네트워크 마케팅 사업자로서 가입을 했다면 첫 달에 고품질의 제품을 할인된 가격에 구입하여 돈을 절약할 수 있으며 또한 자신의 새로운 사업과 판매제품에 대해 친구들, 가족들, 이웃들에게 이야기하여 그들이 제품을 소매가격에 구입하면 즉각적으로 소매이익을 얻을 수 있다.

예를 들어 당신이 첫 달에 새로운 사업자를 찾아냈다고 하자. 만약 그가 네트워크 마케팅의 잠재성을 깨닫고 열심히 일을 하는 사람이라면, 그 달을 마감할 때 당신은 할인된 가격으로 제품을 구입하여 돈을 절약하는 것은 물론이고 소매판매에서 수익을 올릴 수 있으며 새로운 사업자의 모든 매출액에 대해 보너스까지 받게 된다.

결국 당신은 당신과 새로운 사업자라는 네트웍 망을 형성하게 된 것이다.

그리고 둘째 달에 네트웍 망에 한 명 더 참여시킨다면 어떻게 될까? 또한 첫째 달에 참여한 사업자 역시 또 한 사람을 참여시킨다면? 당신의 네트웍 망에는 4명이 참여하게 되고 당신은 그 모든 사람들의 매출액에 대해 보너스를 얻게 된다.

여기에다 셋째 달에 각각 한 사람씩 더 참여시킨다면 당신이 직접 참여시킨 3명과 다른 사람들이 참여시킨 4명을 합하여 당신의 네트웍 망에 8명의 사업자가 생긴다.

만약 당신이 한 달에 두 명씩 참여시킨다고 하면 어떻게 될까?

첫 달에 두 사람을 참여시키고 그 둘이 다음 달에 두 사람을 참여시키는 식으로 네트웍 망이 늘어나면 넷째 달째에는 30여명이 사업자로서 활동하게 된다.

게다가 당신이 매우 열정적으로 네트웍 사업에 임하여 한 달에 네 명씩 참여시킨다면 넷째 달째에는 256명의 네트웍 망을 구축할 수 있다. 그리고 한 달에 5명을 참여시킨다면 넷째 달에는 625명의 다운라인이 형성될 것이다.

생각해 보라!

625명이 매달 10만원 정도의 제품을 구입하여 직접 사용하거나 판매를 한다면, 당신의 네트웍 망은 6천2백50만원의 제품을 판매한 셈이 된다. 그러면 당신이 받을 수 있는 보너스는 312만5천원이 넘게 된다.

만약 네트웍 망에 참여한 사람들이 매달 5만원 어치의 제품이나 서비스를 구매한다고 해도 총매출액은 3천1백2십5만원이 되며, 당신이 받게 되는 보너스는 156만2천5백원 이상이 된다.

현실성이 없다고 생각되는가?

조금만 더 생각해 보라!

사실 네트워크 마케팅 회사에서 취급하는 제품이나 서비스는 우리가 일상생활을 통해 늘 사용해야 하는 것들이다. 그리고 네트웍 사업을 전개하기 위해 특별한 재능을 소유해야 한다거나 대량으로 판매해야 하는 것도 아니다.

단지 각각의 사람들이 매달 5만원 어치 정도만 구매를 하고 네트웍 망에 참여한 사람들이 새롭게 참여한 사람들을 교육하여 그 정도의 수익을 올릴 수 있으면 되는 것이다.

마케팅 플랜과 여러 가지 이점

일단 네트워크 마케팅 사업자로 활동하게 되면 소매판매에 대한 커미션과 자신의 네트웍 망에서 이루어진 모든 구매에 대해 보너스를 받게 된다. 그리고 네트웍 망에 참여하고 있는 사업자들이 판매한 제품의 양이 증가할수록 자신의 수입도 증가하게 된다.

결국 네트워크 마케팅에서는 자신과 네트웍 망에 참여한 사람들의 노력에 의해 직접적으로 수당을 받게 되는 것이다. 그리고 노력의 보상에는 한계가 없다.

네트워크 마케팅 회사가 사업자에게 보상을 할 때 그 기준으로 삼는 원칙을 마케팅 플랜이라고 한다.

이 마케팅 플랜은 회사마다 다르며 회사 제품과 철학, 회사에서 대상으로 삼는 소비자층 그리고 미래에 대한 회사의 비전에 근거하여 회사마다 다른 요구조건과 보상방식이 있다. 일부 플랜은 사업자에게 조직을 폭넓게 구축하도록 권장하기도 하는데 이것은 자신이 직접 많은 사람을 스폰서 하도록 하기 위한 것이다.

반면, 밑으로 구축하도록 하는 플랜도 있다. 이것은 한 번에 몇 명만 스폰서하고 네트웍을 통해 유사한 방식으로 다른 사람을 스폰서 하도록 교육하는 사람들에게 최대 보상을 지급하는 것이다.

일부 플랜에서는 소매판매를 기준으로 한 커미션과 그룹 매출에 대해 지급되는 보너스 외에 조직 내 승급에 따라 제품 할인율을 늘려 주어 추가 보상을 지급하기도 한다.

보다 자세한 내용은 보상플랜 부분에서 다룰 것이며 그것을 알고 나면 네트워크 마케팅이 발전의 무게를 이기지 못해 폭발하고 말 것이라는 회의론자의 말이 터무니없음을 깨닫게 될 것이다. 그들은 이 세상의 모든 사람들이 네트워크 마케팅 사업자로 가입하여 나중에 들어오는 사람들이 스폰서할 사람이 하나도 남지 않는다는 가정을 하고 있는데 절대로 그런 일은 일어나지 않는다.

실제로 모든 사람들이 네트워크 마케팅을 시작하는 것은 아니다. 시기가 적당치 않아 시작하지 못하는 사람도 있고 네트워크 마케팅 자체에 관심이 없을 수도 있다. 그리고 일단 참여를 했더라도 주어진 문제에 대해 해결책을 찾지 못하거나 끈기가 부족하여 도중에 그만두는 사람도 있는 것이다.

어찌되었든 네트워크 마케팅 사업자는 노력에 대한 대가로 일정

비율의 보너스와 커미션을 받는 것은 물론이고 그 이외에도 여러 가지 이점을 누릴 수 있다.

첫째, 자영사업자로서 사업비용의 상당부분에 대해 세금공제를 받을 수 있다.

둘째, 적은 투자로 사업을 시작할 수 있다. 이와 더불어 회사의 지원과 검증된 경영방식에 대한 교육을 받을 수 있고 이미 널리 알려진 회사의 이름을 사용할 수 있는 권리를 얻게 된다.

셋째, 일반적인 비용 즉, 임대료, 인건비, 기타 부수적인 비용이 없어도 즉시 사업을 시작할 수 있다. 그리고 미수금 계정이나 재고도 없고 모든 서류작업을 회사에서 처리해준다.

넷째, 사업시작 첫 날부터 사업수익을 올릴 수 있으므로 그 수익을 사업성장을 위해 재투자할 수도 있다.

다섯째, 시간을 탄력적으로 운용할 수 있다. 부업으로 하루에 2~3시간을 투자하여 사업을 전개할 수도 있으며 자신의 생활 리듬에 맞게 사업프로그램을 작성하여 활동할 수도 있는 것이다.

여섯째, 가족과 함께 공동의 목적을 위해 조화롭게 노력할 수 있는 기회를 창출할 수 있다.

네트워크 마케팅 사업자는 자신의 성공과정을 스스로의 의지대로 정할 수 있다. 즉, 스폰서와 회사의 지도 및 도움으로 사업구축 방법을 스스로 결정할 수 있는 것이다. 게다가 시간적인 제약이 따르는 것도 아니고 일일이 간섭하는 상사도 없다. 그리고 정해진 출퇴근시간도 없다.

그리고 네트워크 마케팅은 사람과 사람과의 연계 속에서 구전광고가 이루어지기 때문에 그 파급효과가 매우 뛰어나다. 즉, 자신의 사업에 대해 주변의 친한 사람들에게 이야기하는 것으로 네트웍망이 형성되고 그들의 활동상황에 따라 보너스를 얻게 되는 것이다.

이에 따라 경제전문가들 사이에서도 네트워크 마케팅에 대한 연구가 한층 더 활발하게 진행되고 있으며 실제로 대학에서 네트워크 마케팅의 풍부한 역사와 강력한 경제적 힘을 강의할 정도로 관심이 집중되고 있다.

평등한 기회와 게임의 법칙

자신의 정당성을 인정받기 위해 열심히 노력했지만, 돌아오는 성과물이 기대에 못 미치는 경우는 누구나 경험해 보았을 것이다. 이것이 심해지면 좌절감을 느끼는 사람들이 늘어나게 된다. 달성할 목표를 나름대로 설정해 놓고 그것을 실천에 옮겼을 때조차도 당연히 받아야 할 성과급을 자신있게 받는 경우는 그리 많지 않다.

하지만 네트워크 마케팅에서는 사정이 다르다. '보다 높은 레벨 달성'의 기회는 모두에게 열려 있는 것이다. 따라서 경쟁자를 희생시키지 않고도 그 목적을 달성할 수 있다.

일반적인 기업세계에서 부장이나 과장, 이사, 부사장 등의 자리는 항상 한정되어 있다. 그 중 한 자리가 비게 되면 부하직원들 사이에서는 그 자리를 차지하기 위해 치열한 자리다툼이 벌어진다. 그리고 오직 한 사람만이 '승자'가 되며 나머지 사람들은 '패자'가 되어 버리고 만다.

네트워크 마케팅에서는 높은 직급의 자리가 한정되어 있지 않다. 같은 레벨에 있는 사람들은 한 사람의 낙오자도 없이 똑같이 승진할 수 있다. 또한 보다 높은 자리를 차지하기 위해 동료를 희생시키는 일없이 모든 사람이 일한 만큼 보수를 받고 승진할 수 있는 것이다. 회사측이 요구하는 일만 성공적으로 수행하면 미래의 가능성이 열리고 보다 높은 레벨로 얼마든지 승진할 수 있다.

게다가 사업자가 승진을 하면 상위 스폰서에게 이익이 되기 때문에 서로가 서로의 승진을 도울 수 있도록 동기부여가 되는 시스템이다.

훌륭한 인정 프로그램(Recognition Program)

우선 네트워크 마케팅 회사에는 사업자들의 애사심 향상에 도움이 되는 보상프로그램이 존재한다. 그리고 회사가 후원하는 인정 프로그램 외에도 그룹별 사업자 리더들이 프로그램을 개발하여 적극적으로 활동하고 있는 것이다.

그들은 그룹 내부의 뛰어난 사업자를 인정하고 동기를 부여하기 위한 인센티브 시스템을 실시하기도 하는데, 이러한 프로그램들을 통한 선의의 경쟁을 유발하여 제품의 이동을 촉진하는 효과를 끌어내고 있다.

특히 '누군가를 인정해 줄 기회를 절대로 놓치지 말라'는 말처럼 네트워크 마케팅 회사의 프로그램은 누군가를 인정해 준다는 단순한 프로그램으로 그치는 것이 아니라, 끊임없이 계속되는 하나의 과정이다.

대규모 컨벤션이나 랠리, 펑션 등의 행사장에서 수많은 사람이 지켜보는 가운데 무대로 걸어나갈 수 있다는 것은 상을 받는 그 자체만큼이나 큰 의미를 지닌다. 1,000명 내지 5,000명의 동료들 앞에 서서 박수갈채를 받을 수 있는 기회란 보통 사람들에게는 그리 흔한 일이 아니기 때문이다. 그 밖에 수많은 해외 리더십 세미나 등도 동기부여를 극대화시키는 인정 프로그램이다.

이러한 행사를 통해 수여되는 인정 기념패, 핀, 증서 등은 회사의 품위있고 격조 높으며 회사의 사보나 뉴스레터 등 인쇄매체를 통해 성취한 공로를 널리 알리는 방법은 예상고객이나 다운라인의 동기유발 자료로 활용된다.

사람들은 인정을 받게 되면 금전적 문제와 상관없이 더욱더 적극적으로 자신에게 동기를 부여하는 경향이 있다. 따라서 네트워크 마케팅 회사에서는 여러 가지 인정 프로그램이 있는데 그 실시 방법은 매우 다양하다.

승진(보상플랜을 통한 계단식 승급레벨), 다양한 보너스, 핀 수여, 트레이닝 수료증 등 그 동안의 성과를 널리 인정하고 알릴 수 있는 유형의 포상 등이 있으며 또한 리쿠르팅 실적이나 신상품 판매 실적 등의 성과를 한층 더 높일 수 있는 다양한 프로그램을 목적 달성의 에너지로 제공해 주기도 한다.

능력인정은 성공에 있어 아주 중요한 요소이다.

그리고 능력인정 프로그램을 세밀하게 효율적으로 운영하면 할수록 성공의 확률은 높아진다. 인간은 누구나 인정받고 싶어한다. 따라서 능력인정에 대한 포상 및 인센티브로 주어지는 보상여행 기회는 사업자와 회사와의 관계를 더욱더 돈독히 하는데 일익을 담당하게 된다. 결국 효과적인 능력인정 프로그램은 사람들을 네트워크 마케팅 회사에 참여시킬 수 있는 확실한 매력 포인트인 것이다.

네트워크 마케팅의 발전 단계

다른 모든 개념과 마찬가지로 네트워크 마케팅도 서서히 발전해왔으며 오늘날에 이르기까지 천재와 사기꾼, 몽상가와 기회주의자들에 의해 몇 대를 거쳐 그 토대가 마련되었다.

근대 네트워크 마케팅의 역사는 50년 정도이며 초기에는 흔히 다단계 판매로 알려져 있었고 1940년대 중반 뉴트릴라이트라는 건강보조식품회사로부터 시작되었다.

네트워크 마케팅의 발전단계는 다음과 같이 정리할 수 있다.

◇ 제 1물결(1945년~1979년) - 암흑기

◇ 제 2물결(1980년~1989년) - 형성기

◇ 제 3물결(1990년~1999년) - 성장기

◇ 제 4물결(2000년 이후) - 확산기

제 1의 물결이 시작된 1945년 당시, 뉴트릴라이트에서는 독립된 사업자들이 회사에서 제품을 구입하여 소비자에게 직접 판매하였다. 뉴트릴라이트의 제품은 대단한 인기를 얻었고 소비자들의 참여도 또한 높았지만 그 이면에는 사기꾼과 순수한 몽상가들도 혼재하고 있었다.

그리고 1959년, 뉴트릴라이트의 사업자였던 리치 디보스와 밴 앤델이 개인용품 및 가정용품 판매회사인 암웨이를 탄생시켰고, 암웨이는 네트워크 마케팅의 개척자로서 새로운 형태의 사업방식을 위한 길을 닦아 놓았다.

하지만 네트워크 마케팅의 성장을 지켜본 수많은 기업들이 앞다투어 이 방식에 뛰어들었고 그 과정에서 윤리를 저버린 기업들도 속출하였다. 이렇듯 소위 '피라미드'라고 하는 불법판매상법들로 인해 피해를 입는 소비자들이 늘어나게 되자 이를 단속하기 위해 규제가 강화되었는데, 암웨이는 불법 피라미드 기업이라는 오명을 씻기 위해 장장 4년이라는 긴 시간과 수 백만 달러의 법률 비용을 지출한 끝에 마침내 피라미드라는 오명을 씻어낼 수 있었다.

오랜 기간 동안의 철저한 조사 끝에 미연방무역위원회(FTC)는 암웨이가 피라미드 사기상법이 아니라 적법한 사업이라는 판정을 내렸는데, 이것은 단순히 암웨이라는 기업에 대해서가 아니라 네트워크 마케팅 업계 전체에 대한 판결인 셈이었다.

이렇게 암흑기를 벗어난 네트워크 마케팅 업계는 제 2의 물결로 진입하게 되었고, 여기에다 컴퓨터 발달로 보다 빠르고 편리하게 사업을 전개할 수 있게 되었으며 신생기업이 유례없이 증가하게 되었다.

디딤돌을 쌓기 위한 고통

1980년대 들어 네트워크 마케팅은 서서히 자리를 잡아가면서도 여전히 힘들게 사업을 전개하고 있었다. 네트워크 마케팅 사업자들은 무한한 사업기회를 약속하며 신규 참여자를 끌어 모았지만,

인내와 끈기가 부족한 대부분의 사업자들이 초기에 무리하게 제품을 사들였다가 곧 좌절하고 마는 사례가 속출하였다.

그리하여 네트워크 마케팅 전체에 대한 비난의 목소리가 가시지 않았고, 스스로를 되돌아보기 이전에 회사의 시스템이나 사업방식에 대해 불평불만을 늘어놓는 사람들이 많았다. 이 시기에 네트워크 마케팅에서 많은 돈을 벌어들인 사업자들은 대부분 전직 세일즈맨이거나 타고난 사업가 혹은 사업동기가 매우 높은 강한 사람들이었다.

자동화 시스템

모든 산업이 진화 과정을 거치듯, 1990년대 들어 네트워크 마케팅 사업방식에 혁신적인 변화가 일어났다. 물론 올바른 시스템을 구축하고 그 시스템에 따라 사업을 전개하는 네트워크 마케팅 회사에 국한된 이야기이기는 하지만, 어찌되었든 올바른 회사를 선택한 사업자들은 사업 홍보용 비디오, 오디오 테이프, 원격회의, 위성 TV방송 등으로 인해 보다 편리하고 쉽게 사업을 전개할 수 있게 되었다.

또한 음성사서함 시스템이나 주문자 팩스 전송 서비스로 그룹 내부의 커뮤니케이션이나 교육방법이 훨씬 더 쉬워졌고 보상플랜도 간편해져 사업자들은 적게 일하고 더 많은 커미션을 받게 되었다.

이렇게 하여 네트워크 마케팅 사업에 제 3의 물결이 도래한 것이다.

네트워크 마케팅의 비약적인 성장

제 3의 물결이 일어나면서 네트워크 마케팅은 일반인들에게 보다 가깝게 다가설 수 있었다. 여기에 장기적인 경기침체와 고실업이라는 상황이 맞물리면서 수많은 사람들이 네트워크 마케팅에 몰려들었다.

그렇다고 네트워크 마케팅이 모든 사람들에게 많은 수입을 보장해 준 것은 아니었다. 하지만 대다수의 사람들에게 좀더 쉬운 방법으로 매달 몇 십 만원의 추가수입을 벌 수 있게 해주었다. 부업으로 출발한 사람들에게 그 정도의 추가수입은 그리 나쁘지 않았던 것이다.

실제로 [월스트리트 저널]지는 1990년에서 1994년 사이 미국의 네트워크 마케팅 사업자가 34%로 증가하였고 전업으로 네트워크 마케팅을 하는 사람들도 93년에서 94년 사이에 두 배로 증가했다는 기사를 발표한 바 있다.

특히 주목할 것은 90년대 들어 한국, 중국, 일본에서 보다 빠른 속도로 성장하기 시작했다는 점이다. 그리하여 네트워크 마케팅 업계의 성장률은 한 때 미국의 경제성장 속도를 앞지르기도 하였다.

하지만 일반인들의 인식 속에는 아직도 피라미드라는 이미지가 완전히 사라지지 않았고, 대기업들도 네트워크 마케팅의 가치와 미래에 대해 제대로 파악하지 못하는 경우가 매우 많았던 것이 사실이다.

미래를 제압한다

1990년대를 마감하면서 네트워크 마케팅에 대한 사람들의 인식에 커다란 변화가 일어났다. 대기업들은 앞다투어 네트워크 마케팅 회사의 네트웍 망을 확보하기에 혈안이 되었고 우량기업들은 서둘러 네트워크 마케팅 기업들과 전략적 제휴관계를 형성하였던 것이다.

사실, 〔포춘〕지가 선정한 500대 기업들의 경영자들은 적극적으로 네트워크 마케팅을 거부했었다. 하지만 시간이 흐를수록 이들은 자신들의 태도를 변화시키지 않을 수 없었다. 기존의 광고방식과 마케팅 전략이 더 이상 소비자들에게 먹혀들지 않았고 적극적으로 변화하는 소비자들을 따라잡지 못해 시장점유율이 갈수록 형편없이 떨어졌던 것이다.

그리하여 소비자 네트웍 망을 형성하는 것으로 출발한 네트워크 마케팅은 기업들의 참여로 인해 비약적인 성장의 발판을 다지게 된 것이다.

제 4물결을 선도할 모범기업들의 창업스토리

뿌리깊은 나무가 바람에 흔들리지 않듯, 그 역사 속에서 그 시작과 뿌리가 어땠느냐에 따라 그 회사의 미래는 미리 예견될 수 있다. 한국 네트워크 마케팅 업계를 이끌어가고 있는 국내외 회사들을 보면 그 나름대로의 창립에 얽힌 비화(秘話)가 있다. 우연한 발견으로 제품을 만들고, 친구나 가족의 건강 때문에 시작했던 일이 이제는 어느덧 지구촌 네트워크망을 펼쳐나가는 거대조직으로 발돋움하고 있다.

암웨이 창립 스토리

두 사람의 우정으로 시작된 전세계 최고 '다이렉트 세일즈 왕국'

1940년 미국의 미시간주 그랜드 래피즈에서의 일이다. 16세가 된 제이 밴 앤델은 포드 A형 자동차 한 대를 선물 받고 통학을 하게 되었다. 제이가 차를 타고 학교에 간 그날, 리치 디보스라는 한 친구로부터 일주일에 25센트를 줄테니 학교에 오고 갈 때 함께 타고 다니자는 제안을 받게 된다. 두 사람의 효율적인 거래는 이렇게 이루어졌고, 이후 두 사람은 단짝이 된다. 고등학교를 졸업하고 제이 밴 앤델과 리치 디보스는 함께 공군에 입대하게 되었고, 먼 훗날 사업도 함께 하자고 약속하기에 이르렀다.

모험심과 끈기로 사업에 뛰어들다

두 사람은 제이의 6촌형 닐 마스칸트라에게서 다이렉트 세일즈 회사인 뉴트리라이트 프로덕츠의 판매원을 해보는 것이 어떻겠냐는 제안을 받게 된다. 뉴트리라이트 세일즈 플랜을 듣고 난 두 사람은 프리 비즈니스(free business)라는 메리트에 주저없이 사업을 시작하기로 마음먹게 된다.

사업을 하면서 여러 어려운 점도 있었지만 뉴트리라이트 회사에 몸을 담은지 2년이 지난 후 그들의 사업은 놀라운 성공을 거둔다. 그러나 뉴트리라이트사 내부에서 일어난 의견충돌로 회사자체가 흔들리기 시작했다. 1959년 초 뉴트리라이트 창립자인 칼 렌보그가 가장 큰 조직의 리더인 밴 앤델을 찾아와 뉴트리라이트 사장이 되지 않겠느냐고 제안했지만 그는 리치 디보스와의 동료관계를 깨뜨리고 싶지 않아 거절했다. 그러나 언제까지나 회사 상황을 보고 있을 수는 없었다. 그들을 믿고 직장을 그만두고 뉴트리라이트 판매원으로 뛰어든 많은 사람들의 생계가 위태로웠기 때문이다.

두 사람은 1958년 여름 미시간주의 찰보이에서 열린 판매원 회의에서 참석한 판매원들에게 자신들을 믿고 운명을 함께 하든지, 아니면 뉴트리라이트에 모든 것을 맡기든지 그 선택의 권한을 조직원들에게 일임했다. 조직원들은 기꺼이 이 두 사람을 따랐고, 1959년 초 두 사람은 에이다에 있는 밴 앤델의 집을 본부로 정식으로 암웨이 코퍼레이션을 탄생시켰다. 당시 상황은 초라했지만 이것은 실로 엄청난 사업의 첫 걸음이었다.

전세계 80여개국 300만 디스트리뷰터가 암웨이라는 이름으로 모여

그들은 제품라인의 개발에 총력을 기울였다. 우선 다이렉트 세일즈 조직을 통해 가장 적합한 제품인 비누, 세척제, 치약 등을 비롯한 가정용품과 일상생활의 필수품들을 개발·판매했다. 암웨이의 취급 제품이 증가하고, 판매원의 조직도 더욱 성장해 감에 따라 사업 규모도 점차로 커져갔다. 새로 탄생한 암웨이 회사는 두 건물의 지하실을 사무실로 해서 시작했다. 그러나 1년후 에이다에 빈주유소를 사들여 사무실을 짓고, 그 2개월 후에 다시 5600평방피트의 생산시설을 새로 설치했다.

오늘날 암웨이 시설이 차지하고 있는 부지는 300에이커가 넘고 암웨이 본부는 12만1400평방미터나 되는 넓은 대지 위에 세워져 연구·사무·생산 및 창고 설비를 갖추고 있다. 암웨이의 1960년 매출액은 약 60만 달러로 추산되지만 1970년에는 100만달러, 1980년에는 10억달러, 97년에는 약 70억달러라는 엄청난 매출고를 올리고 있다.

또한 전세계 80여개국 300만 디스트리뷰터를 보유한 암웨이는 그들의 경제적 정신적 지주로 성장해가고 있으며 전자상거래와의 접목으로 21세기도 최고의 네트워크 마케팅 회사로서의 면모를 과시하고 있다.

썬라이더 창립 스토리

중국철학과 초본식물 문화로 유년시절의 꿈을 이루다

1982년에 미국 유타주 오렘에서 설립돼 현재 캘리포니아주 토란스시에 국제본부 사옥을 두고 있는 썬라이더 인터내셔날은 약 30여개국에서 100만여명의 디스트리뷰터를 확보하고 있는 명실상부한 국제적인 네트워크 마케팅 회사이자 세계적인 초본 식품·화장품·세제를 직접 생산하는 제조업체로서 잘 알려져 있다.

어릴적 가난했던 시절의 꿈이 현실로 이뤄져

설립자이자 썬라이더 인터내셔날의 회장인 테이푸 첸 박사는 대만 치아이의 아주 조그만 농촌 마을인 푸주에서 태어났다. 그곳은 약 10만명 정도가 모여 사는 대만의 아주 전형적인 농촌이었다. 그는 유년시절 그곳에서 가족들과 함께 가난하게 살았다. 그곳에는 가난하고 허약한 사람들이 많았으며, 첸 박사 역시 어릴 때는 병약했다. 특히 알레르기나 감기에 자주 걸렸다. 그래서 그는 자신은 물론 많은 사람들이 건강한 생활을 하는데 작은 힘이 되고자 대만의 카오슝 의과대학에서 약학과 초본학을 전공했다. 첸 박사는 이 대학에서 당시 홍콩에서 유학 온 현재의 썬라이더 인터내셔날 사장인 오이린 첸여사를 만나 결혼하게 된다. 그 후 첸 박사 부부는 아메리칸 드림을 찾아서 미국으로 건너간다. 그곳에서의 초기 생활은 매우 힘들고 고달픈 나날의 연속이었다. 첸박사는 가족을 위해 어떤해 여름에는 두개의 직업을 가지고 밤낮없이 일하기도 했다. 당시 첸 박사의 유일한 꿈은 대학을 졸업하고 좋은 직장을 얻어서 가족을 부양하는 것이었다. 그러나 한편으론 중국 철학과 초본식품 문화를 발전시켜 현대 생활에 접목시키겠다는 꿈을 가지고 있었다.

누구나 노력에 상응하는 합리적 대가를 받는 네트워크 마케팅 사업 시작해

그러던 중 첸 박사는 꿈을 실현하기 위해 자신의 회사를 차리기로 결심하고 유타주 오렘에서 조그만 회사를 설립하여 사람들에게 건강과 자유의 철학을 전하게 된다. 첸 박사는 가난한 사람들에게도 동등한 기회를 줄 수 있는 네트워크 마케팅을 채택하여 사업을 시작했다. 가난한 과거의 경험에 비추어 소수의 돈 있는 사람들만 창업할 수 있는 전통적인 사업보다는 배경과 빈부의 격차를 떠나서 누구나 사업에 참여할 수 있고, 노력에 상응하는 매우 합리적인 대가를 받을 수 있는 네트워크 마케팅이 첸 박사와 수많은 사람들의 꿈을 실현시켜 줄 수 있는 유일한 방법이라고 생각한 것이다. 첸박사가 사람들에게 사업의 개념을 이야기하기 시작한 첫 해, 디스트리뷰터들이 그 개념을 이해하는 것을 보고는 이 사업의 잠재력을 깨닫기 시작했으나 이 사업이 오늘과 같은 대성공을 거둘 것이라는 것은 예측하지 못했다. 또한, 순수한 초본식물을 통하여 신체에 적절한 영양을 공급하여 신체의 균형을 유지시킴으로서 건강증진을 돕는 썬라이더 제품을 알리는 일이 처음에는 다소 어려웠으나 미국 사람들이 점점 이를 이해하기 시작하게 되면서부터 사업은 더욱더 성장할 수 있었다.

그러나 첸 박사가 사업을 확장하여 사옥을 캘리포니아주로 이전한 후에도 모든 것이 순조롭게 진행돼지만은 않았다. 회사뿐만 아니라 개인적으로도 많은 도전에 직면했지만 도전이 있을 때마다 한단계 한단계 고난 극복을 통해 전보다 더욱 성장하게 되었다.

썬라이더 인터내셔날의 창업은 가난하고 병약한 수많은 사람들에게 부를 창출할 수 있는 기회를 제공하고 그들이 건강한 생활을 영위하도록 돕는 첸 박사의 유년시절 꿈의 실현이라고 볼 수 있다. 오늘날 썬라이더 인터내셔날이 이룩한 대성공의 결과는 이러한 첸 박사의 순수한 꿈이 수많은 사람들에게 공감을 얻게 된 것이다.

앨트웰 창립 스토리

신용과 이타주의를 무기로, 준비된 회사만이 기회를 잡는다

앨트웰의 역사는 우리나라 제3차 경제개발 5개년 계획을 추진하던 1970년대초로 거슬러 올라간다. 1973년에 삼왕공사(현 앨트웰 코리아)를 설립한 김박(金博 · 58)사장은 일본의 유명 속옷 회사에 란제리를 수출했었다.

초창기 바이어를 만났을 당시에는 회사 입장보다는 최대한 상대방의 입장을 고려하는 쪽에 포커스를 맞추어 신용을 구축했다. 그 대표적인 사례가 바이어와의 주문 협상을 들 수 있는데, 당시 주문은 생산능력의 80% 정도만 받았는데, 그 이유는 나머지 20%를 품질관리에 사용하기 위해서였다.

즉 생산능력을 무시한 채 회사의 이익만을 위해 납품기한을 맞추기에 급급한 생산방식은 최고의 품질이 탄생될 수 없다는 평소 지론을 몸소 실천해 보인 것이다.

그 결과 삼왕공사의 수출품 불량률은 당시 2.4%였던 일본 업체의 1/3수준인 0.8%수준이었다.

이렇게 쌓은 신용 덕에 역삼동에 소재한 본사 사옥 신축과 앨트웰 코리아의 제조설비 증축을 동시에 추진하면서, 자금사정이 어려워졌을 때 현금 약 400만달러(당시 한화 32억원)를 5년 무이자에 수출 상품으로 대체상환하는 조건에 선수금으로 지원받기도 했다.

이런 인연들은 25년이 지난 지금까지도 계속 이어지고 있다. 이 일을 계기로 김박 사장은 "자신이 아닌 남에게 최선을 다하는 것이 결국은 공동의 이익과 발전을 가져온다"는 생각에 기업 이념을 '이타주의'로 표방하게 된 것이다.

성장속도 빠르고 고객에게 많은 혜택이 돌아가는 네트워크 마케팅 방식 시행

1978년에 삼왕(현 앨트웰 텍)을 설립하여 수공구의 대명사인 아리랑공구를 생산하였고, 이 또한 뛰어난 품질을 바탕으로 국방부 조달본부 군납업체로 지정되는 경사를 갖는 등 고속성장을 거듭했다.

네트워크 마케팅 방식으로 제품을 판매하고 있는 앨트웰(구 삼왕인터내셔널)은 89년 설립됐다. 그 당시 제품들은 통신판매형태로 유통시켰다.

기능성 속옷 누벨마리를 네트워크 마케팅으로 유통시키게 된 계기는 앨트웰의 기능성 속옷을 수입, 판매하던 일본 업체가 네트워크 마케팅 회사였던 영향이 컸다.

성장속도가 다른 어떤 곳보다 빨랐고 무엇보다 고객에게 많은 혜택이 돌아가는 유통방식이라는 점에서 큰 매력이 있었다. 네트워크 마케팅이 21세기를 이끌어 나갈 혁신적인 유통방식이라는 확신이 들면서 일본에서 익힌 노하우와 한국 실정에 맞는 마케팅 플랜을 접목시키기 위한 물밑작업을 심사숙고해서 진행시켜 나갔다. 그리고 95년 네트워크 마케팅이 합법적인 유통방식으로 인정되면서 본격적인 사업을 전개하게 되었다.

앨트웰은 무분별하게 외제 상품을 수입 판매하기보다는 국산 고품질의 경쟁력 있는 우리 상품을 판매함으로써 국가에 기여하는 기업이 되겠다는 의지를 보여나가고 있다.

즉, 유통을 통해 생기는 단순 이익만을 챙기기보다는 직접 제품을 제조해 순수 토종 상품 판매에 주력하고 있는 것이다.

순수 토종 상품 판매를 위해 설립된 것이 앨트웰만의 제조공장과 연구소 운영. 현재 대전과 천안에 있는 공장에서는 주력상품인 누벨마리와 앨트파이 정수기를 직접 제조하고 있다. 연구개발측면에서는 대기업 못지 않은 투자를 하고 있는데, KAIST 등 국내외 석박사 출신 연구진으로 구성된 4개의 연구소에서는 다양한 제품

개발이 이뤄지고 있다.

렉솔 창립 스토리

1903년에 시작된 렉솔의 역사, 약사들로부터 시작된 렉솔의 믿음

1903년 루이스 리젯 (Louis K. Liggett) 이라는 약사와 그의 가장 절친한 동료들은 소비자들의 최대 관심사이자, 그들이 원하고 있는 여러 사항들을 해결할 수 있는 계획을 세우게 된다.

그것은 바로 다름 아닌, 미국의 특허 의약품들을 지역 약국 (Drug Store)을 통해 보다 편리하게 유통시키는 것이었다. 소비자들은 보다 질 좋은 의약품들을 손쉽게 구할 수 있어서 좋고, 지역 약국을 통해 특허 의약품들을 유통시킴으로써, 경쟁력 있는 체인망을 구축한다는 큰 메리트를 가질 수 있는 방안이었다. 이런 양측의 필요성에 의해 시행된 제도가 바로 렉솔(Rexall)그룹의 시초이고, 오늘날 미국 최대의 제약 회사로서 세계 50여 개국에 1300여종의 제품을 공급하는 회사가 잉태되는 순간이었다. 또한, 당시로서는 최고의 기업 운영 기회를 제공한 프랜차이즈 사업의 시발점이기도 했다. 이후 리젯은 전미 2만5000여개의 지역 약국 체인망을 구축함으로써, 전 미국인들의 삶의 질을 한 단계 끌어올리려는 자신의 궁극적인 사업 목표를 일차 달성하게 되었다.

직접 소비자 찾아다니며 질 좋은 제품 전파

리젯은 2만5000여개가 넘는 지역 약국(Drug Store)에 렉솔의 배너(banner)가 걸리고 렉솔 제품들이 진열돼 운영·판매되고 있는 것에 만족하지 않고 직접 소비자들을 찾아 나서게 된다. 그 당시로서는 어느 누구도 생각지 못한 '이동 트럭 스토어'를 탄생시킨 것이다. 그는 렉솔의 제품들을 기차에 싣고 전미 대륙을 횡단하며 보다 더 많은 사람들이 특허 의약품의 탁월한 효과를 체험할 수 있도록 힘썼다.

이는 전국적으로 뻗어 있는 거대한 체인 약국을 통해 이미 제품의 우수성이 널리 알려져 있었으나, 리젯은 사람들의 삶에 긍정적인 결과를 가져다 줄 수 있는 특허 의약품들을 지리적으로 소외된 지역의·가정에게까지 보급시켜 그 혜택을 누리게 하고 싶었기 때문이었다. 이런 면면에서 보듯, 루이스 리젯은 사업가라기보다는 인류의 건강과 행복 추구를 위해 전미 방방 곳곳을 누비던 박애주의자라고 말할 수 있다.

나스닥 100지수에 드는 우량 기업으로 성장, 포츈지 선정 성장 빠른 기업 28위

인류의 건강과 행복을 추구하는 렉솔 기업의 전통을 이어가는 동시에, 보다 효과적으로 소비자들의 요구에 부응하기 위해 칼 드 산티스 (Carl DeSantis)는 1976년 썬 다운 (Sundown) 社로 제2의 창업을 하게 된다. 후에 렉솔 썬 다운 (Rexall Sundown) 社로 회사명을 변경하고 미국 예방 의학 산업계의 선두 주자로 급부상 하면서, 각종 비타민 · 허벌 제품 및 건강 보조 식품을 보다 저렴한 가격에 보급시키고자 렉솔 쇼 케이스 인터내셔널 (Rexall Showcase International) 社를 창립하여 본격적으로 네트워크 마케팅 산업에 진출하게 된다. 1998년에는 나스닥 100 지수에 드는 기업으로, 포춘 (Fortune)誌가 선정한 미국에서 가장 성장이 빠른 기업 랭킹 28위로 평가받는 기업으로 성장하기에 이르렀다.

더 나아가 다가오는 21세기에는 우수한 제품의 제조 보급으로 인류의 건강과 행복을 추구함은 물론, 그 제품들이 창출해 내는 이익까지도 효과적으로 사람들에게 배분시켜 각 개인의 경제적인 삶도 윤택하게 만들기 위한 목표 아래 렉솔 코리아를 포함, 전 세계 지사들은 급속한 성장을 거듭하고 있다.

엔에스이 인터내셔날 창립 스토리

작은 발견에서 시작된 뉴스킨의 신화, 소박한 거실에서 전세계로 진출

엔에스이는 '기술혁신 · 품질 · 정직'을 바탕으로 안정된 사업을 펼쳐나가고, 전 세계인의 삶의 질을 향상시키겠다는 경영철학과 'All of the Good, None of the Bad (좋은 것만 있고, 나쁜 것은 없다)'라는 제품철학을 통해 고품질의 제품과 우수한 서비스를 제공하는 국제적인 기업으로 성장하고 있다.

유해한 성분을 배제한 퍼스널 케어 제품이 시초

뉴스킨 제품에 대한 아이디어는 현재 엔에스이 엔터프라이즈의 회장인 브레이크 로니와 그의 누나인 네드라 로니가 1984년에 나누었던 대화에서 유래되었다. 당시 두 사람은 대부분의 퍼스널 케어 제품이 유익한 성분은 아주 소량만 함유하고 있고, 그 외의 대부분은 왁스 등과 같은 성분으로 채워져 있다는 사실에 경악했다.

이를 계기로 유해한 성분을 모두 배제하고 유익한 성분만을 배합한 퍼스널 케어 제품을 만들기로 결정했다. 브레이크 로니와 초기 설립자들은 유익한 성분의 목록을 작성한 후에 고품질의 퍼스널 케어 제품을 만들어낼 과학자와 연구소들을 수소문했다.

얼마 후, 한 제조업자가 현금지불을 조건으로 최소량의 제품을 생산하겠다고 나섰다. 이렇게 만들어진 창업 당시의 제품들은 판매 장소에 도착하기도 전에 다 팔리곤 했다. 작은 아이디어에서 비롯된 엔에스이는 5000달러의 자본과 12개의 퍼스널 케어 제품으로 탄생하게 된 것이다. 초기 엔에스이 제품의 판매는 대성황을 이뤘다. 많은 사람들이 브레이크 로니의 집으로 이유식병이나 플라스틱 과자통을 들고 엔에스이 제품을 구하러 몰려들었다.

창업 초기, 제품 수요는 공급을 훨씬 앞질렀다.

네트워크 마케팅 방식으로 엔에스이 전세계에 알려

엔에스이는 규모가 커짐에 따라 제품의 우수성을 상점을 통해서는 충분히 전달하기 어렵다고 판단한 끝에 일대일 판매라는 네트워크 마케팅 방식을 채택하게 된다. 이러한 방법을 통해, 잘 교육된 디스트리뷰터들은 소비자에게 직접 엔에스이 제품의 독특한 장점을 전달할 수 있었다. 이 때부터 엔에스이 제품들은 브레이크 로니의 거실에서 벗어나 전세계로 진출하게 되었다.

1990년 캐나다 진출을 시작으로 엔에스이는 현재 전세계 30개국에서 100만명 이상의 디스트리뷰터들이 활동하고 있는 전세계에서 가장 빠르게 성장하는 기업 가운데 하나로 평가받고 있다. 특히 최근 던 & 브래드스트리트에 의해 미국 내 상위 1% 기업만이 해당되는 5A1 등급을 받아 재정적인 면에서 국제적인 인정을 얻고 있다.

엔에스이는 현재 엔에스이(Nu Skin) 퍼스널 케어, 파마넥스(Pharmanex) 건강보조식품, 빅플래닛(Big Planet) 테크놀러지 등 세가지 디비전을 통해 150여종의 제품을 판매하고 있다.

제품력과 함께 엔에스이의 성장은 전세계 디스트리뷰터들의 힘에 의지하고 있다.

엔에스이는 그들에게 경제적인 독립과 시간의 자유를 줌으로써 그들이 최선을 다할 수 있도록 지원하고 있다. 이렇듯 업계를 리드하고 있는 우수한 제품들과 전세계 어디에서도 찾아볼 수 없는 위대한 열정을 가진 디스트리뷰터들에 의해 엔에스이의 성장은 오늘도 계속되고 있다.

풀무원 에넨씨 창립 스토리
대장간의 '풀무' 처럼 황폐화된 세상의 든든한 도구가 되리라

'바른 마음으로 인간과 자연의 조화를 추구하여 풍요롭고 안정된 삶을 제공하겠다' 는 풀무원 에넨씨 사업은 무첨가 · 이웃사랑 · 유기농으로 출발한 풀무원의 작은 시작에서 비롯됐다. 그리고 1996년 4월1일 국내최고 · 세계최고의 네트워크 전문기업이 되겠다는 사명감으로 탄생했다.

풀무원 농장에 뿌리를 두고

오늘날의 풀무원은 1955년 전쟁의 상흔이 채 가시지 않을 무렵, '풀무원 농장' 에서 그 유래를 찾을 수 있다. '풀무' 는 대장간에서 불을 지필 때 바람을 일으키는 제구다. 이것에 의하여 불의 온도가 조절되고 더욱 더 단단한 쇠를 만들어 낼 수 있다. 농장 창업주 원경선 원장은 대장간의 풀무가 되어 황폐화된 세상을 구제하고자 풀무원 농장을 만든 것이다.

화로에서 강한 쇠가 만들어지기 위해서는 수십, 수백 번의 풀무질도 부족하듯 거리의 부랑아들을 교육시켜 함께 농사를 짓고, 음식을 나누어 먹는 공동체 생활이 되기까지는 그리 쉬운 일은 아니었지만 그는 포기하지 않았다.

유기농법으로 키운 무공해 농산물 재배, 농장에서 회사로서의 면모 갖춰

풀무원 농장의 이웃사랑 실천은 유기농법에서 출발한다. 당장 먹고사는 문제가 급선무였던 그 당시로서는 수확량이 불품 없는 유기 농법은 쓸모 없는 짓이라고 취급받던 시대였다. 그러나 풀무원 농장은 이에 굴하지 않고 1976년 '정농회' 라는 단체를 만들어 바른 농사법을 전파하기 시작했다. 많은 어려움 끝에 풀무원 농장에는 유기농법이 정착되었고, 농장 사람들이 먹고 남을 만큼의 농산물이 생산되었다. 풀무원 농장은 남은 무공해 농산물을 바깥 사람들에게 선보이기로 했다. 1981년 원경선 원장의 아들이며 현재 경기도 부천시장인 원혜영씨에 의해 압구정동에 처음으로 '풀무원 무공해 농산물 직판장' 이 개설됐다.

그 후 현미효소를 필두로 건강보조식품을 판매하는 풀무원효소식품, 두부·콩나물을 생산하는 풀무원 유기식품을 설립했다. 그러던 중 자금압박으로 인해 회사경영이 어려워지자 1985년 친구인 남승우 사장에게 회사 경영을 권유, 현재의 남승우 사장이 풀무원 경영에 참여하게 되었다.

무공해, 깨끗함, 신뢰 등의 이미지를 가진 소비자가 찾는 기업

남승우 사장의 참여로 풀무원은 80년 중반이후 비약적인 성장을 이룬다. 풀무원이 선택한 경영 전략은 한분야를 집중적으로 공략하고 그 분야를 교두보로 그 세를 확장해 나가는 것이었다. 일단 풀무원의 제품을 접해본 소비자들은 무공해, 깨끗함, 신뢰감 등의 인식을 가지게되었고, 식품업계에서 완전히 차별화 된 '깨끗한 이미지' 는 점점 확산돼 갔다. 풀무원의 소비자에 대한 생각은 각별하여 제품뿐만 아니라 기업 문화와 업무 수행에서도 인간과 자연을 먼저 생각한다. 이에 제품 제조 원칙, 환경 보전 원칙을 설정 · 준수하며 판매액의 0.1%를 환경기금으로 사용하고 있다. 또한 산학협동, 김치박물관 운영 등 사회를 아름답게 만들기 위해 다양한 사회공익활동을 실천하고 있다.

풀무원은 21세기에도 변함없는 '바른마음' 으로 모든 사람이 자연과 조화된 건강과 생활문화를 누릴 수 있도록 최고의 제품과 서비스를 제공한다는 모토아래 인간사랑과 자연사랑의 초심을 계승, 발전시켜 나갈 것이다.

허벌라이프 창립 스토리

가족의 비극이 평생 숙원으로, 자체 다이어트 프로그램으로 전세계 네트워크망 형성

마크 휴즈는 수년간 자신의 어머니가 체중을 감량하기 위한 시도로 여러 가지 다이어트 프로그램을 시도하다 결국 약물중독으로 세상을 떠나는 비극을 경험했다. 그녀의 죽음은 마크 휴즈로 하여금 건강을 해치지 않고 안전하게 체중을 감량하는 제품을 개발, 모든 사람들이 이용할 수 있도록 하는데 그의 모든 삶을 바칠 각오를 가지게 하는 계기를 만들었다.

마크 휴즈는 자신이 원하는 효능을 가진 제품이 몇가지 있다는 소식을 듣고 조사해보았지만 기대에 못미친다는 사실을 알게 되었고, 결국 자신이 원하는 요건을 충족시키는 제품을 찾는 유일한 길은 스스로 개발하는 것뿐이라는 사실을 깨닫는다.

허벌 뉴트리션 기술로 새로운 발판을 만들다

마크 휴즈는 로스앤젤레스의 저명한 암 치료 전문 의사인 브루스 홀스테드(Bruce Halsted) 박사의 초대로 중국 허브에 관한 세미나장에 참석하게 되었다. 그곳에서 마크 휴즈는 중국 허브에 대한 얘기를 처음 접하게 되고, 직접 중국을 방문하여 수 천년 동안 건강과 장수를 위해 중국인들이 사용해오던 허브에 관한 지식을 얻게되었다.

그는 직접 중국에 건너가 공부하는 동안 허브와 관련해 고대로부터 이어져 내려오는 동양 의학의 지혜와 첨단 과학을 결합시키면 효과적인 체중 관리 제품을 개발할 수 있다는 확신을 갖게 되었다. 제품연구를 계속하던 중 제약전문가인 리처드 마르코니(Richard Marconi)를 만나게 되고, 서로 같은 관심과 목표를 갖고 있음을 확인한 뒤 의기투합하여 동업을 결정하게 되었다. 지속적인 연구와 실험을 거친 두사람은 마침내 완전 자연식 허벌라이프 다이어트 프로그램을 탄생시켰다. 일단 제품생산에 성공을 거두자 마크 휴즈는 어떻게 판매할 것인가에 대한 고민을 하게 되었다. 처음엔 제품을 차에 싣고 다니며 방문판매를 시작했다. 첫달 1840만원의 판매실적을 올렸고, 그 다음달부터 매출액은 두세배로 치솟기 시작했다.

한번 사용했던 사람들이 효능을 믿고 허벌라이프의 디스트리뷰터로 나서게 되자 사업은 더욱 번창하게 되었고, 캘리포니아주 베버리힐즈에 조그만 사무실을 차리게 되었다. 그 후 허벌라이프에 대한 소문이 점점 퍼져 디스트리뷰터와 직원의 수가 급속히 늘어나자 다시 인근 컬버시티의 대형창고 위에 세워진 사무실로 이전했고, 다시 로스엔젤레스 국제공항 부근의 14층 신축 고층건물로 옮기게 되었다. 이제 허벌라이프는 캘리포니아의 로스앤젤레스에 본사를 두고 현재 전세계 45개국에서 사업을 전개하고 있으며 계속해서 사업을 확장해 나가고 있다.

지속적인 세계시장 확대 목표

회사 창립 후 15년 후인 1996년에는 매출액이 소매기준으로 10억 달러를 초과했으며 현재까지 계속해서 지속적인 상승세를 보여주고 있다. 또한 허벌라이프는 지금까지의 성공에 만족하지 않고 앞으로 전세계 모든 곳에 허벌라이프 제품을 전한다는 목표로 열심히 노력하고 있다.

허벌라이프의 고객서비스는 전세계인의 건강을 위해 우수한 제품을 공급하고, 무한한 수입잠재력과 우수한 보상플랜을 제공하는 것이다. 이러한 정신을 바탕으로 1996년 한국 허벌라이프 주식회사가 설립되었고 현재 체중관리, 영양제품 및 다양한 퍼스널 케어 제품을 공급하여 한국인들의 외적, 내적 건강증진에 기여하고 있다. 특히 허벌 알로에 드링크를 비롯한 일부 뉴트리션 제품과 퍼스널 케어 전제품은 국내에서 OEM방식을 통해 생산되고 있어 한국인의 체질과 생리에 맞는 제품을 소비자에게 제공함과 동시에 국내경제에도 이바지하고 있다.

네이쳐스선샤인 창립 스토리

고추가루를 캡슐에 넣어 먹는 아이디어가 수억달러 벌어들이는 국제사업으로

천연 허브를 원료로 한 건강보조식품을 필두로 세계 건강보조식품 업계에 그 명성을 떨치고 있는 Nature's Sunshine Products(이하NSP)의 역사는 27년 전인 1972년으로 거슬러 올라가 유타에 있는 한 가족의 작은 일상에서 시작된다.

진의 위궤양에 효과를 보인 천연식물 '고추'

NSP는 1972년 진·크리스틴 휴즈 부부와 진의 동생 부부인 리차드와 폴린에 의해 창립되었다. 진 휴즈는 원래 유타에 있는 오램의 초등학교 교사였다. 당시 그는 심한 위궤양으로 오랫동안 고생하고 있었다. 그러던 중 우연히 고추가 위궤양 치료에 효험이 있다는 이야기를 전해 듣고 고춧가루를 먹기 시작했다. 그러자 신기하게도 그의 고질병이 서서히 치료되는 것이었다. 그러나 고춧가루를 그냥 삼킨다는 것은 정말 견디기 힘든 고역이었다. 그래서 남편의 이런 고통을 보다 못한 아내 크리스틴이 한가지 아이디어를 생각해 냈는데, 그것은 바로 고춧가루를 젤라틴 캡슐에 넣어 먹는 것이었다. 이 사건이 바로 최초로 캡슐화 된 허브 제품을 개발한 Nature's Sunshine Products의 태동이 된 셈이다. 남편을 위해 고춧가루를 손수 젤라틴 캡슐에 넣던 크리스틴은 '만일 이미 캡슐로 만들어진 제품을 구입할 수 있다면 얼마나 편리할까' 라는 생각을 하게 됐고, 고춧가루 이외에도 건강에 좋은 다양한 자연 식품이 캡슐화 된다면 굉장한 상품가치를 갖게 될 것이라는 생각을 하게 됐다. 크리스틴은 마침내 자신의 생각을 가족들에게 얘기했다. 그리고 이에 동의한 진을 비롯한 가족들은 곧바로 구체적인 사업 구상에 들어갔다. 그들은 3파운드의 고추를 구입해 이것을 곱게 빻아 가루로 만들어 며칠 밤을 새워가며 일일이 캡슐에 넣는 작업을 했다. 그후 주문량이 늘어 밤을 새며 제품을 만들기 시작했다. 진을 비롯한 창립자들은 당시 자신들이 하고 있는 그 작업이 훗날 수억 달러를 벌어들이는 국제적 기업의 시초임을 상상조차 못했다고 한다.

1972년, Huges Development Company 창설로 가족 단위의 사업 시작

이렇게 우연한 기회에 고추를 시작으로 출발한 가족 단위의 사업은 1972년 Huges Development Company의 창설로 본격화 되기 시작했다. Huges Development Company는 1973년 National Multi Corporation으로 회사명을 변경하고 'Naturally' 라는 브랜드명으로 소매 상점에 제품을 판매했다. 네트워크 마케팅 판매방식을 도입하여 비로소 오늘날의 판매방식과 유통망을 구축해 가기 시작한 것은 1974년부터였다. 1975년에는 연매출 150만 달러를 넘어서며 전년대비 500%이상의 성장을 기록했고 1978년 미국 주식시장에 상장됐다.

1981년, Nature's Sunshine Products로 회사명 변경

지금의 회사명인 Nature's Sunshine Products를 사용하기 시작한 것은 1981년부터이다. 그 이후 계속적인 영업 증가에 따라 설비를 증축시키고 해외 지사를 하나 둘씩 늘려가기 시작했으며 FORBES지(誌)와 WORLD지(誌), SAVY지(誌) 등 미국 내 각종 경제 전문지와 매체를 통해 경영의 우수성과 재무구조의 단단함을 인정 받아왔다.

현재 500여종의 다양한 제품을 직접 생산하여 선보이고 있고, 전세계적으로 60만여명의 훼밀리를 보유하고 있는 Nature's Sunshine Products는 사업 초기부터 지켜온 나눔의 정신을 변함없이 이어가고 있다.

이엑셀 인터내셔날(E.Excel International)

암투병중인 세아이 어머니와의 만남을 계기로 인류 질병 예방연구에 인생을 걸다

자우 페이 첸은 열 아홉 살에 유타주의 명문대 브리검 영 대학에서 미생물학 전공, 생화학을 부전공으로 하여 학사학위를 취득하였고 이어 면역학을 전문 분야로 하여 석사 학위를 취득하였다. 박사 학위 취득 후 모교에서 교수로 재직하면서 수준 높은 면역학과 연구과정을 학생들에게 가르침으로써 많은 지식과 전문적 견해를 다른 이들과 함께 나누었다. 또한 미국의 재정적 지원을 받으며

10여년간 암(癌) 연구에 참여하기도 했다.

인생의 참 목표를 찾은 젊은 과학자 자우 페이 첸

젊은 나이에 그녀는 과학자로서, 교수로서 최고의 성공을 거두었고 모든 이들의 부러움의 대상이었다. 그런 자우 페이 첸박사가 암투병중인 세 아이의 어머니를 우연히 만나게 된 것은 인생의 항로를 바꾸는 전환점이 되었다.

추운 겨울이었다. 그녀는 한창 암(癌) 연구에 참여할 때여서 예의상 암에 걸린 환자의 집을 방문하는 경우가 많았다. 그 집은 비좁고 지저분했다. 침대에는 연약한 한 여인이 무엇을 열심히 하고 있었고, 그녀의 아이들로 보이는 어린 꼬마들이 침대 한 구석에서 놀고 있었다. 아이들은 엄마의 운명을 모르는 듯 제 또래들의 놀이에 열심인 듯 바쁘게 보였다.

자우 페이 첸박사는 그녀가 누워있는 침대로 다가갔다. 어떤 위로의 말을 전해야 할지 몰랐다. '희망을 잃지 말라' 는 의사로써의 의례적인 위로가 고작이었다. 그러나 이상했다. 그녀에게서 죽음의 그림자를 찾아 볼 수가 없었다. 그녀는 첸박사에게 미소를 지어보이면서 다시 무언인가를 열심히 하고 있었다. 비롯 병약해 보이기는 했지만 어느 누구보다도 그녀는 평온해 보였고 사랑스러웠다. 세명의 아이들을 남기고 혼자 떠나는 어머니의 모습이 아니었다.

"지금, 뭘 그렇게 열심히 하시나요?"

"실은, 녹음을 하고 있거든요"

"녹음이요?" 의아했다.

"하루하루 녹음기에 그날 있었던 일을 녹음하고 있어요. 그래서 내가 더 이상 아이들을 볼 수 없게 되더라도 테이프에 녹음된 내 목소리가 아이들이 세상을 살아가는데 힘이 되었으면 해요"라며 빙그레 웃음을 지어 보이는 것이 아닌가.

자우 페이 첸 박사는 순간 큰 충격을 받았다. '아이들을 두고 떠나는 저 어머니를 위해 지금까지 나는 무엇을 했던가. 지난 10년간 암 연구에 쏟아 부은 나의 열정은 무엇인가…'

지나간 일들이 주마등처럼 지나갔다.

교수직 버리고 질병 예방을 위한 영양면역학 연구몰두

자우 페이 첸박사는 주변 사람들의 강한 만류에도 불구하고 사회적으로나 경제적으로 안정적인 교수 자리를 과감하게 포기했다. 그리고 질병 예방에 관심을 갖기 시작했고, 이엑셀을 창립하기에 이른다. E.Excel International은 인간의 면역체계를 강화시켜 질병을 사전에 예방하는 예방의학에 기초를 둔다. 또한 인간의 면역체계를 강화시키기 위해 식물식품의 가공방법, 수학시기, 식물의 부위별 연구에 과감한 투자를 하는 회사이다. E.Excel은 자우 페이 첸 박사의 인류 사랑을 전하기 위해, 인류에게 건강과 지혜를 주는 '영양면역학'을 전파한다는 사명감을 가지고 12개국의 이엑셀러가 활발한 활동을 전개하고 있다.

에스티씨 인터내셔널 창립 스토리

실험실 연구원이 일궈낸 생활 신(新)과학 추구 기업 에스티씨

인간생명의 근원인 물을 연구하고 우리생활 곳곳을 과학과 접목하여 더 나은 미래를 위해 생활 신과학을 추구하는 기업, 인간을 위한 학문·인간을 위한 과학기술로 꼭 필요한 곳에 제 기능을 다 하는 제품을 만들어 인류의 행복실현에 앞장서는 기업, 이것이 바로 에스티씨의 꿈이며 에스티씨의 최대 목표다.

분자 교정학에 바탕을 둔 에너지 워터로 고기능성 제품 개발

에스티씨 인터내셔널의 탄생은 창업자인 이계호 박사(STC 그룹 회장)의 인간생명의 근원인 물에 대한 연구활동에 그 뿌리를 두고 있다.

이계호 박사는 일본 동경대(東京大) 객원 연구원으로 출발, 바리아 생화학 연구소·바이오 테크놀러지 연구소 등에서 연구활동을 했고, 미국 호놀룰루 대학에서 분자교정의학을 연구했다. 그리고 미국과 일본을 오가며 열중했던 동식물의 DNA와 RNA, 세포와 물의 분자구조에 관한 연구 성과를 통해 '에너지 워터'를 탄생시켰다. 이계호 박사는 왕성한 연구활동과 에너지 워터에 관한 업적으로 1992년 일본문화진흥회에서 수여하는 국제아카데미상을 수상하기도 했다.

일본과 미국에서의 오랜기간 동안의 연구가 일단락된 후 이계호 박사는 평소 그를 아껴주었고, 자신의 삶에 큰 영향을 준 일본의 故 니와요시오 박사 (내과 성인병의, 세계적 권위자)가 항상 얘기한 "영리영달이 아니 사회와 이웃을 이해하며 살라"는 말을 간직한채 귀국하였다. 이에 이계호 박사는 전 인류의 행복의 실현은 무엇인지에 대해 생각하게 되었고 그것에 대한 결론으로 인격(Soul), 경제력(Treatment), 건강(Cell) 이 세가지 단어를 통해서

STC 인터내셔널의 기업이념은 탄생되었다.

STC 인터내셔널의 역사는 (주)에스티씨 바이오을 설립하고 피부미용실 전문 기능성 화장품 펜타논을 만들기 시작한 89년으로 거슬러 올라간다. 사실, 에스티씨의 역사는 10년 정도 되었지만 1959년 만국화학공업에서 오늘에 이르기까지 39년의 역사와 전통은 그대로 유지하고 있는 셈이다.

초창기 제조 및 판매회사로의 전문화를 추구하면서 출발한 지금은 (주)에스티씨 나라, (주)에스티씨 생명과학연구원, (주)에스티씨 인터내셔널, (주)에스티씨 펜타논, (주)파이지엔느, (주)에스티씨 에덴, 한풀 영농, (주)에스티씨 산업개발, STC BIOTECH, INC, MILLENNIAL SCIENCE, INC등 여러 자회사를 거느린 중견 기업으로 성장했다.

국내는 물론 세계로 뻗어나가는 토종 한국 네트워크 마케팅 기업으로 성장

에스티씨 생명공학연구원을 통해 개발된 모든 제품들은 꼭 필요한 곳에 제 기능을 다하는 제품으로 각광을 받기 시작했다.

BIO-Technology를 기초로 연구 개발된 초창기 제품은 화장품 · 건강보조식품뿐이었지만, 연구영역의 확대로 현재는 화장품 · 건강보조식품 · 의약부외품 · 생활용품 등으로 그 영역이 지속적으로 늘어나고 있다. 이미 해외에서도 에스티씨 제품들과 기술력은 세계최고를 입증 받고 수출과 함께 로열티까지 받고 있으며, 미국시장에 진출해 있는 제조법인과 판매법인을 바탕으로 큰 호평 속에 해외시장에서 인정받고 있다. 이에 에스티씨의 저력인 과학기술력에 매료

된 많은 투자자들의 발길이 줄을 잇고 있으며, 미국 시장 석권은 물론 캐나나·호주·일본·중국·유럽시장까지 네트워크망을 확장해 가고 있다.

제2부
마케팅 플랜의 함수

보상플랜 이해하기

　네트워크 마케팅 사업에서 가장 중요하면서도 사람들의 이해가 부족한 부분이 바로 보상플랜이다. 의아하게 생각할지도 모르지만, 현재 네트워크 마케팅 업계에서 활동하고 있는 대다수의 사업자들 중에서 보상플랜을 논리적이고 심도있게 설명할 수 있는 사람은 거의 없다고 해도 과언이 아니다.

　더구나 자신이 속해 있는 회사의 플랜에 대해서조차 정확하게 설명하지 못하는 사람들도 매우 많다. 그리고 이것이 자신과 맞지 않는 사업에 섣불리 뛰어들게 되거나 혹은 노력에 대한 실질적이고도 정당한 보상을 받지 못하는 사업자들이 속출하는 이유이기도 하다.

　네트워크 마케팅의 최대 관건은 각 사가 정한 마케팅 플랜에 의해 좌우된다고 볼 수 있다. 그만큼 사업자들을 위한 수당체계는 사업자 모집에서부터 서비스에 이르기까지 회사의 매출에 크게 영향을 미치는 것이다.

　네트워크 마케팅을 하는 사람들은 결코 자선사업가들이 아니다. 그 어떤 업종에 종사하는 사람들보다 많은 돈을 벌고 싶어하고 또한 성공하고자 하는 열의가 매우 강하다.

　그렇기 때문에 각 회사들은 기회가 생길 때마다 수당체계를 변동하며 좀더 내실있는 경영을 하기 위해 노력한다. 그러한 이유로 하여 네트워크 마케팅을 두고 '숫자게임' 이라는 말이 나온 것인지도 모른다.

사실, 네트워크 마케팅만큼 숫자를 많이 사용하는 업종도 드물 것이다. 잠재고객의 수, 가입시킨 회원 수, 다운라인 내의 사업자 수, 보상플랜에서 특정 지위에 오르기 위해 필요한 사업자의 수, 레벨 수, 그룹의 총 판매량, 개인 판매량, 각종 커미션, 제품 수에 이르기까지 온통 숫자 투성이인 것이다.

어찌되었든 보상플랜을 완전히 이해하려면 많은 시간이 필요하게 된다. 그리고 그것을 모두 이해했다고 해도 대부분의 경우 거의 다 비슷하다는 결론에 도달할 뿐이다.

그런데 왜 굳이 보상 플랜을 분석해야 하는가?

그 한 가지 이유는 자기방어를 위해서이다. 오늘날 네트워크 마케팅 사업자들은 경쟁사로부터 과대선전 공세를 받고 있다. 그리고 그 선전의 주요 쟁점은 보상플랜으로 과대포장한 말들이 넘쳐나고 있다. 따라서 네트워크 마케팅에 처음으로 관심을 갖고 있는 초보자들은 쉽게 그 유혹에 넘어가고 만다.

물론 경험 많은 사업자들도 안심할 수는 없다. 예를 들어 예상고객이 보다 더 쉬운 플랜을 제공하는 회사에 관심을 갖고 있다고 말한다면 뭐라고 할 것인가?

그렇다고 그러한 상황을 위해 보상플랜을 모두 꿰뚫고 있어야 한다는 것은 아니다. 하지만 몇 가지 원칙 정도는 알고 있어야 한다. 다음의 몇 가지 기준을 바탕으로 보상플랜을 검토해 보고 그 장단점을 파악하도록 하라.

네트웍 망의 성장 가능성

네트워크 마케팅의 판매망은 수평과 수직으로 성장한다. 그러므로 회사의 보상플랜이 다운라인의 폭과 깊이에 어떤 제약을 두고 있는지 확인해야 한다.

깊이(depth)는 커미션을 받을 수 있는 레벨의 수를 의미하고, 폭(width)은 프론트라인에 둘 수 있는 사람의 수를 말하는데 매트릭스와 바이너리 플랜은 폭을 제한하고 있다. 그리고 다른 플랜들은 모두 폭의 제한이 없긴 하지만 깊이는 특정 레벨까지 엄격하게 제한한다.

특히 유니레벨 방식에서는 12레벨 이후부터 커미션을 받을 수 없으며 브레이크어웨이 방식은 경우에 따라 더 많은 커미션을 받을 수 있다.

할당량

커미션과 보너스 수령 자격을 얻기 위해서는 매달 도매로 일정량의 제품을 구매해야 한다. 이것은 최소 구매량으로 대부분의 플랜에서는 매달 특정 커미션의 자격을 얻기 위해 추가로 제품을 주문하게 하는데 그 양이 얼마나 되는지 확인해야 한다.

만약 할당량이 많다면 판매할 수 있는 한도 이상의 제품을 사야 하므로 주의해야 한다. 반대로 할당량이 너무 적으면 다운라인은 매달 자신이 필요로 하는 양만큼만 구매하고 다른 사람에게 판매할 생각은 하지 않을 수도 있다.

어떤 플랜에서는 일정 레벨에 도달한 사람들이 더 높은 레벨의 커미션을 받도록 하기 위해 일정수준의 실적을 올린 사람들을 참

여시킬 것을 요구하기도 하므로 이러한 목표가 현실적인지 확인해
야 한다.

프론트엔드와 백엔드

어떤 보상 플랜은 백엔드 쪽에 그리고 어떤 플랜은 프론트엔드
쪽에 많은 커미션을 지급한다. 프론트엔드(front-end)는 보상플
랜의 보다 높은 레벨 혹은 먼저 형성된 부분을 말하며 대부분 자신
이 참여시키는 최초의 사람들이다. 결국 이 사람들에 대해 더 높은
커미션을 받으면 돈을 더 빨리 그리고 더 일찍 받는 셈이다.

백엔드(back-end)는 보다 낮은 레벨을 가리키는데 자신의 조직
에 마지막으로 참여한 사람들 즉, 자신이 참여시킨 사람들이 참여
시킨 사람들이다. 이러한 보상플랜에서는 낮은 레벨일수록 커미션
을 많이 지급하므로 장기적으로 열심히 해야 고액의 커미션을 받
게 된다.

언뜻 보면 프론트엔드 플랜이 더 빨리 그리고 더 쉽게 커미션을
받는 것으로 보일지도 모르지만, 백엔드 커미션이 '깊은' 조직을
구축하는 성실한 사람들에게는 더 큰 이익이 된다.

커미션 지급

네트워크 마케팅을 전개하는 모든 회사는 사업자에게 커미션의
형태로 총매출의 일정비율을 지급한다. 일반적으로 커미션이 높을
수록 좋은 회사라고 생각하기 쉽지만, 그러한 금액이 높을수록 기
업의 수익은 낮다는 사실을 염두에 두어야 한다. 즉, 커미션이 너
무 높으면 회사의 자금회전에 문제가 발생할 수 있는 것이다.

아무리 높은 커미션을 받아도 그 커미션을 지급하는 회사가 파산 위기에 처한다면 고액의 커미션도 무의미할 것이다. 따라서 지급액보다는 회사의 전반적인 재무상태와 매출을 살펴보는 것이 더 중요하다. 도한 많은 커미션은 제품가격의 상승요인이 발생할 뿐만 아니라 소비자가 느끼는 돈의 가치와 상품의 품질기준이 떨어져 결국 판매가 이뤄질 수 없다.

미실현수당(breakage)

일반적으로 볼 때, 60%이상의 수당을 지급할 수 있는 회사는 없다. 그 이상을 지급하면 파산의 위험이 있는 것이다. 그러므로 75%이상을 제시하는 회사가 있다면 보상플랜에 '미실현수당' 이 있다고 보아도 무방하다.

'미실현수당'은 회사가 약속한 지급액과 실제지급액과의 차이를 말하는데, 보상플랜을 꼼꼼히 분석해 보면 커미션을 적게 지급하고 할당량을 높이거나 판매량의 일정액은 인정하지 않으려는 단서조항들이 포함되어 있음을 알 수 있다.

미실현수당은 페널티(penalty) 제도를 통해서도 발생하는데, 할당량을 맞추지 못하면 엄격한 페널티를 부과하는 회사들도 많이 있다. 즉, 할당량을 맞추지 못한 첫 달에 바로 하위 레벨로 강등될 수도 있으며 경우에 따라서는 최하 레벨까지도 떨어지는 것이다. 그리고 보다 유연한 플랜에서는 페널티 조치를 취하기 전에 몇 달 정도 유예기간을 주고 실적향상 기회를 주기도 한다.

어찌되었든 미실현수당 자체는 전혀 문제가 되지 않는다. 보상플랜을 근사하게 포장하는 하나의 전략일 뿐이다. 그러므로 회사의 실제 지급액을 따져보고 과장된 지급액은 무시하는 것이 좋다.

보상플랜의 연료는 상품

보상플랜의 연료는 상품이다. 그러므로 기본적인 수치계산은 다소 이해가 부족하더라도 상품에 대해서는 깊이 있게 고려해야 한다.

상품군에는 기본적으로 소비재, 내구재, 서비스와 관련된 세 가지의 카테고리가 있다.

불행하게도 상품은 훌륭했지만 형편없는 플랜 때문에 좀더 정확히 말하자면 수당에 따른 보상플랜과 상품군과의 인연이 닿지 않아 실패할 수밖에 없었던 업체들이 헤아릴 수 없이 많았다. 그리고 이런 경우는 대부분 상품의 종류와 규격이 다양하지 않고 가격도 비쌌기 때문이다.

예를 들어 상품의 종류는 한 두 가지밖에 안 되는데, 판매 요구량이 높다면 과연 그 업체가 성공할 수 있는 확률은 어느 정도이겠는가? 그야말로 특별한 상품이 아니라면 성공이 의심스러울 수밖에 없다. 그런데도 아이러니컬한 것은 이런 사업체도 사업자들을 모집하는 데에는 아무런 문제가 없다는 점이다.

사실 사람들을 끌어들이는 일은 그리 어렵지 않다. 문제는 플랜의 수당이 과대포장되어 있다는 사실이다. 일단 이런 업체에 발을 들여놓으면 아무리 애를 써도 종착역이 보이지 않는 불운한 결과를 맞게 된다.

그럼에도 불구하고 아직까지도 이러한 상황이 연출되고 있다는 사실은 사업자들이 보상플랜에 대해 얼마나 무지한가를 단적으로 보여주는 사례라고 할 수 있다.

만약 네트워크 마케팅 사업자들이 사업에 뛰어들기 전에 보상플랜을 제대로 이해한다면 이 사업에 대해 더욱더 빠른 이해력과 판단력을 발휘할 수 있을 것이고 결과적으로 네트워크 마케팅을 훨씬 더 생산적이고 신뢰할 만한 비즈니스로 만들어갈 것이다.

그리고 궁극적으로는 회사를 대상으로 더 좋은 보상플랜을 고안하도록 압력을 가하여 사업자들에게 실제로 더 큰 수익의 기회를 제공하도록 만들 것이다.

오늘날 네트워크 마케팅 업계에서 사용하고 있는 보상플랜의 종류는 셀 수 없을 정도로 많다. 그러므로 가능한 한 많은 시간을 들여 다양한 플랜들을 살펴보아야 한다. 그리고 플랜에 담긴 수치의 의미에 대해 정확하게 이해할 수 있을 때까지 연구해야 한다.

그리고 그 수치가 자신의 성공에 실제로 얼마나 도움이 되는지, 모든 사람들에게 똑같이 적용될 수 있는 것인지 등을 검토해 보아야 한다.

보상플랜의 기본 사항

그렇다면 보상플랜에 대해서는 어떠한 사항들을 점검해 보아야 하는가? 복잡하고 까다로운 보상플랜을 연구할 때 어느 부분에 중점을 두어야 하는지 살펴보기로 하자.

플랜의 어느 위치에서 몇 퍼센트의 커미션이 지급되는가?

커미션이 플랜 전반에서 많이 지급되는가 아니면 중반이나 후반에서 지급되는가 하는 것은 커다란 수익을 올리기 위해 어느 정도노력을 해야 하는지 그리고 그것이 얼마나 빨리 수익으로 돌아올것인지를 알게 해주는 척도가 된다.

몇 퍼센트의 판매수당을 받을 수 있는가?

사업자는 보통 판매가격의 55%(판매가 대비 사업자 후원수당25%, 판매수당 30%) 수당을 받는다고 설명하는데, 이 때 주의할것은 당신이 65%를 모두 가져가는 게 아니라는 점이다. 실제로커미션은 레벨에 따라 그리고 판매량에 따라 달라지므로 당신은당신의 레벨에 주어지는 커미션을 받게 된다. 그러므로 반드시 퍼센트의 평균(커미션 액수를 총매출액으로 나눈 수치)을 알아야 한다.

대부분의 플랜에서는 레벨당 평균 3~6%의 커미션이 지급된다.

분리독립으로 인해 발생하는 수수료를 주의할 것.

물론 서류상으로는 65%를 지불한다고 되어 있지만, 실제적으로는 그 절반이나 30% 정도를 지불하는 회사가 대부분이다. 그것은 보통 분리독립으로 인해 발생하는 수수료 때문에 생기는 결과이다.

그 이유는 다음과 같다.

① 모든 회사는 보상플랜의 최고 자리에서 생기는 혜택을 누린다. 따라서 한 회사에서 최고의 레벨에 도달했다 하더라도

절대로 서류상에 언급된 커미션의 100%를 줄 수는 없을 것이다. 이런 현상은 아직 이렇다 할 레벨 깊이가 없는 즉, 설립한 지 얼마 안 되는 기업의 경우 더욱더 뚜렷이 나타난다.

간혹 회사에게 할당된 커미션을 보너스 풀(bonus pool)에 넣어 두었다가 가능한 한 모든 커미션을 다 지급하는 회사도 있지만 보너스 풀은 실적이 많고 오래된 사업자들에게만 지급된다.

② 회사의 직라인(프런트라인 첫 번째 레벨) 사업자들의 숫자도 중요한 항목이다.

모든 직라인 사업자들이 수당 지급이 가능한 최대한의 레벨 깊이를 구축하지 못한다면 이 또한 발표된 수당의 일부 혹은 상당부분이 회사로 흘러 들어가게 하는 원인이 된다.

③ 지위에 따라 커미션을 차등 지급하는 보상플랜이 많다.

그룹의 사업자들이 대부분 낮은 레벨에 있다면 회사는 서류상 약속한 판매수당액에 못 미치는 금액만 지급하게 된다.

④ 많은 회사들이 실적에 따라 보너스를 추가로 지급하는데 이 보너스에 해당하는 금액도 서류상에서 말하는 수당에 이미 계산되어 들어가 있다.

따라서 아주 극소수의 사업자들만이 이 보너스를 받게 되므로 회사의 입장에서 볼 때에는 전체적인 수당 지급액이 낮아지게 되는 것이다.

개인적 소비요구액이 낮은 플랜의 장점과 매출요구액이 높은 소매판매 중심의 플랜이 지닌 장점의 비교

언뜻 보기에 개인적인 소비요구액이 낮은 구조의 플랜을 사용하는 회사들이 자기증식을 더 잘하고 매력적으로 보일지도 모르지만, 이런 조직에서 활동하는 사업자들의 대부분은 판매가 아닌 소비성향의 그룹으로 개인적인 구매만을 원할 뿐, 비즈니스 구축에는 그다지 중점을 두지 않는다는 것을 고려해야 한다.

그리고 커미션이 매출액에 근거한다는 사실을 생각할 때, 이러한 플랜에서 상당한 수입을 벌어들일 수 있는 매출액을 달성하려면 지속적으로 방대한 규모의 새로운 사업자를 모집해야 할 것이다.

한편, 소매판매 요구가 높은 플랜들은 일반적으로 자기증식성이 떨어지고 소모율도 높다. 하지만 본질적으로 판매요구액이 높기 때문에 더 많은 매출을 창출하게 되고, 그에 해당하는 만큼의 판매수당이 주어진다. 판매실적이 우수한 사업가 타입의 사업자들은 보통 이러한 플랜들을 선호한다.

어떤 구조의 플랜에 참여하든 요구되는 매출액을 올리기 위해서는 끊임없이 새로운 사업자들을 모집할 수 있는 전략들을 개발해 나가야 한다. 또한 판매방식이 좋은 회사, 업라인의 든든한 후원, 제품에 대한 신뢰 그리고 전반적인 기회가 따라 줄 때 성공가능성은 더욱더 높아진다. 하지만 성공적인 네트워크 마케팅 사업을 이루기 위해서는 자금력 또한 필수라는 점도 명심해야 한다.

그리고 우편요금, 전화요금, 마케팅 자료 등을 활용하려면 비용이 요구되며 이 부분은 회사와 플랜을 선택할 때 반드시 고려해야 할 사항들이다.

보상플랜으로 리쿠르팅하는 법

"네트워크 마케팅은 창업자금도 들지 않고 사무실도 필요없으며 또한 경력도 위험부담도 없는 사업이다."

네트워크 마케팅에 처음 발을 들여놓았을 때, 신규사업자들은 보통 이런 말을 듣게 된다. 그리고 "당신이 직접 5명을 후원하면 그들은 또 각자 3명씩을 참여시킬 것이다. 그런 상태로 6단계까지 진행되면 당신의 다운라인에 무려 1만 9,350명의 사업자들이 생길 것이다."라는 말도 듣는다.

하지만 실제로 사업을 해본 사람이라면 이러한 이야기가 사실이 아님을 알 것이다. 네트웍 사업에 참여시킨 사람이 반드시 다른 사람을 참여시킨다는 보장이 없을뿐더러 탈퇴율도 무시할 수 없기 때문이다. 그러나 이런 구조하에서 꾸준하게 다운라인을 육성하고 사업을 발전시킨다면 그것이 전혀 불가능한 일만도 아니다.

대부분의 회사가 자기 회사의 보상플랜을 안내하며 설명해주는 것은 단 세 가지뿐이다. 즉, 커미션이 지급되는 직급, 지급되는 돈의 퍼센트, 최고 소득을 올리는 사람이 벌어들이는 돈이 그것이다. 그리고 네트워크 마케팅 회사들은 각기 나름대로의 해석에 따라 마치 자기 회사가 최고인 것처럼 설명을 한다.

그러므로 신규 사업자는 그룹 및 개인 할당량이 많거나 재고 쌓기를 부추기는 플랜은 아닌지, 자격조건이 너무 높아 상위 직급으로 가는 것이 힘들지는 않은지 등을 꼼꼼히 체크해야 한다.

전문가들은 "장기적으로 볼 때 다수의 사업자에게 더 많은 이익을 분배하고 소수의 실력자에게는 별로 매력이 없는 플랜이 네트워크 마케팅 업계에서 성공할 수 있는 방법"이라고 말한다.

가능하면 이해하기 쉽고 자격요건이 약간 부족해도 보너스를 받을 수 있으며 많은 수의 사업자들에게 이익이 분배되는 그리고 누구든지 노력에 따라 보상받을 수 있는 보상플랜을 선택하라.

그리고 네트워크 마케팅 회사도 사업자 다수에게 이익을 주는 보상플랜을 만들어야 피라미드 업체라는 불신을 받지 않게 된다. 뿐만 아니라 손익분기점을 몇 주 혹은 몇 달 앞당길 수 있고 사업자들의 탈퇴율도 낮아질 것이다.

그러면 '돈을 잃었다'는 사람보다 '돈을 벌었다'는 사람들이 늘어날 것이고 성공자가 많이 나오면 회사의 신뢰도는 자연스럽게 좋아질 것이다.

보상플랜의 구조

보상플랜은 회사와 사업자에게 매우 중요한 요소로 기업의 수익성과 생존에 중요한 영향을 미친다. 따라서 사업자들은 장기적으로 얻어질 미래의 수익을 위해 보상플랜의 구조에 관심을 기울일 수밖에 없다.

이처럼 보상플랜은 영업력의 극대화를 통해 판매를 촉진할 뿐 아니라 조직의 확산을 도모하며 조직의 가동률을 최대로 올려주는 원동력이 된다. 따라서 조직의 운영형태와 문화적 특성은 보상플랜에 의해 결정되는 것이다.

그러므로 다양한 형태의 보상플랜에 대하여 이해하는 것은 매우 중요한 의미를 지닌다. 성공적인 네트워크 마케팅 보상플랜의 의의를 도식화하면 다음과 같다.

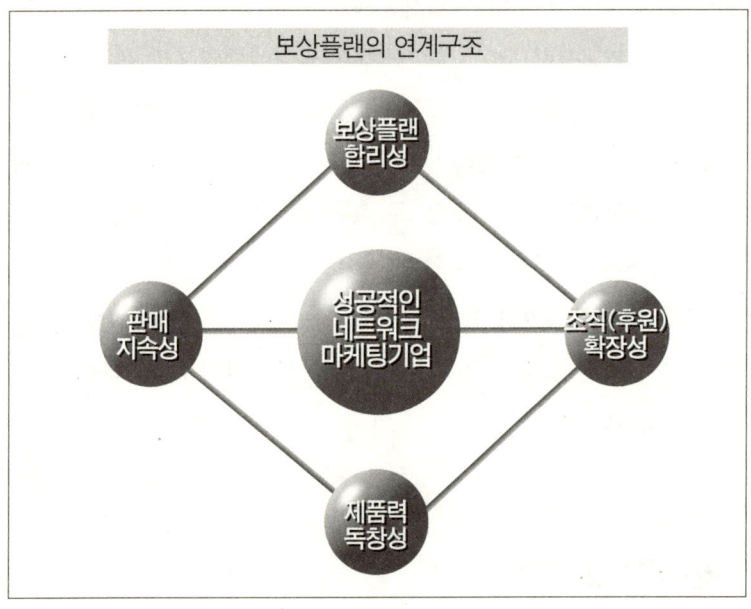

성공적인 보상플랜의 설계

최상의 보상플랜은 무엇인가? 불행하게도 정형화된 최적의 보상플랜은 존재하지 않는다. 다만 최적의 보상플랜을 도출하기 위해 고려해야 할 하나의 철칙이 있을 뿐이다. 즉, '모든 보상은 바람직한 활동에 대해서만 이루어져야 한다'는 것이다.

다시 말해 회사나 사업자를 위해 가치를 창출하지 않는 행위에 대한 보상은 어떠한 형태를 갖든 낭비일 뿐이다. 따라서 보상플랜에는 다음과 같은 10가지 요소가 구비되어 있어야 한다.

◇ 기업이념과 비전의 반영
◇ 시대적 상황 고려
◇ 국민적 정서(사업자 성향)
◇ 기업 윤리관(정통성)
◇ 동종업계와의 차별화(비교우위)
◇ 합리성(노력에 따른 성과)
◇ 합법성(이익구조에 따른 합법성)
◇ 사업성(지속적 이윤의 창조)
◇ 능률성(조직구조의 확장성)
◇ 보편성(사업접근 용이성 또는 유인성)

이처럼 다양한 요소를 함축하고 있는 보상플랜의 설계는 공정하고 경쟁력이 있어야 하며 합리적이고 합법적이어야 한다.

보상플랜의 역할(The Role of Compensation Plan)

네트워크 마케팅에서 보상플랜이 갖는 역할은 판매촉진과 지속적인 성장이다. Angelar Moore는 이러한 목적 달성을 위해 필수적인 다섯 가지를 제시하고 있다.

최종소비자에게 제품을 이동시킨다.

제품의 이동은 모든 기업이 생존하고 성장하기 위한 가장 기본적인 조건이다. 모든 종류의 보상플랜은 제품의 이동에 따른 수당을 커미션으로 지급하는 형태를 띠고 있다.

네트웍 망을 구축한다.

네트워크 마케팅의 성공은 네트웍 망의 확산에 기초한다. 따라서 새로운 사업자를 모집하는 일은 제품을 이동시키는 것만큼 때로는 그 이상으로 중요한 의미를 갖는다. 그리고 새로운 참여자에 대한 초기의 보상과 인정은 그들의 자신감을 높여줌으로써 조기탈락을 방지하고 그들의 잠재력을 지속적으로 발휘하게 한다.

매니저를 양성한다.

네트워크 마케팅 사업에 있어서 자신이 참여시킨 사업자가 자신을 복제하도록 만드는 일은 매우 중요하다. 다시 말해 자신의 다운라인에 있는 사업자들이 제품의 이동과 후원의 두 영역에서 모두 활성화되도록 해야 하는 것이다. 그룹 활동에 대한 각종 인센티브가 이러한 역할을 수행해 준다.

리더를 양성한다.

실전 경험과 이론 교육을 통한 리더 양성의 주된 목적은 사업자 개개인이 자신의 조직을 구축하고 사업을 전개할 수 있는 능력을 배양시켜주는 데 있다.

조직을 유지한다.

기업은 영속성(continuity)을 전제로 생존하고 성장한다. 따라서 이미 제시된 4가지의 목적을 성공적으로 달성했더라도 지속적으로 유지·발전되지 않는다면 초기 사업기회에 보여지는 단기간의 기대 심리적 효과에 머물고 만다.

이러한 맥락에서 볼 때, 이 마지막 목적은 보상플랜의 한 두 가지 구체적인 요소에 의하여 달성된다기보다는 거시적인 조직관리(organization management)의 차원에서 다루어져야 한다.

보상플랜의 종류

보상플랜의 대표적인 형태로는 매트릭스(matrix)방식, 유니레벨(unilevel)방식, 브레이크어웨이(breakaway)방식, 바이너리(binary)방식 등이 있다. 하지만 시대적 흐름과 시장환경의 변화에 따라 시스템간의 다양한 믹스를 통한 하이브리드(hybrids)형이 수시로 나타나고 있다. 즉, 기존 방식의 장·단점을 보완한 변종이 계속 태어나고 있는 것이다.

매트릭스 방식(Matrix Plan)

매트릭스 방법의 가장 큰 특징은 '폭과 깊이'가 한정되어 있다는 것이다. 매트릭스 방법은 한 레벨에서 직접 후원할 수 있는 사업자의 수와 최대 깊이를 제한하고 있으며 가장 많이 볼 수 있는 구조는 2×12인데, 이것은 2명의 폭과 12레벨의 깊이를 의미한다.

결국 1레벨에서 둘 수 있는 사업자의 수는 2명이고, 2레벨에서는 4명, 3레벨에서는 8명으로 늘어나는 방식으로 12레벨에서는 4,096명의 사업자를 둘 수 있는 구조를 말한다.

물론 이러한 기하학적 증가는 이론적으로나 가능한 일이고 실제로는 그렇지 못한 경우가 대부분이다.

특성 및 장 · 단점

매트릭스 방법에서 가장 확실하면서도 가장 과장되게 그려지는 장점이 '스필오버(spill-over)'의 가능성이다. 이 말은 일단 당신이 모집한 인원 중에서 1레벨에서 허용하는 최대수 만큼을 등록시키고 나면 그 나머지는 자연히 당신의 두 번째 레벨에 등록이 된다는 뜻이다. 따라서 다운라인의 깊이는 빠르게 깊어지고 업라인의 활동에 따라 다운라인이 이익을 보게 되는 것이다. 즉, 업라인의 활동이 조직의 빠른 확산과 잉여 소득의 양방향으로 이루어지기 때문에 일을 안 해도 된다는 말이 이론상으로 가능해진다.

그리고 매트릭스 방법의 또 다른 장점은 단순하며 관리가 쉽다는 점이다. 앞의 기본구조에서 살펴보았듯이 매트릭스 방법은 구조가 단순하여 초보자에게도 쉽게 설명이 가능하며 바로 프런트라인의 사업자만 후원하고 교육하면 된다는 점에서 조직의 관리가 용이하다. 예컨대 2×12의 구조에서는 모든 사람이 두 사람 이상을 지원하고 교육할 필요가 없다는 것이다.

이렇게 이론상으로 좋아 보이는 매트릭스 방법이 현실적으로 사용되는 정도가 낮은 이유는 이론적인 장점들이 실질적으로 발생하지 않는 경우가 많기 때문이다. 스필오버의 가능성은 조직의 확산(recruit)을 위해 좋은 유인책이 되고는 있지만 업라인의 활동으로 노력없이 덕을 보려는 사업자를 양산하여 조직의 활성화(activation)를 저해하는 역기능적 모순이 있는 것이다.

또한 매트릭스 방법은 다른 방법들에 비해 조직의 깊이가 깊어 많은 수당을 받을 수 있는 것처럼 보이지만, 성실하지 못한 사업자들이 존재하면 일부 레벨의 커미션은 건너뛰기 때문에 예상한 수익을 달성하기가 어려운 경우가 많으며 폭의 제한에 따라 기타 방법(브레이크어웨이) 보다 최대수익 잠재력이 항상 크다고 할 수 없다.

매트릭스 방법에서의 또 한 가지 단점은 프런트 레벨에 두었으면 훨씬 더 큰 수입을 보장해 주었을지 모를 능력있는 사람을 낮은 레벨에 두게 될지도 모른다는 점이다.

몇 가지 고려해야 할 사항들

① 폭과 깊이의 비율이 수입과 어떻게 연결되는가?

커미션이 90%이고 낮은 레벨에 있는 대다수의 사업자에게 돌아가는 수당이 더 많은 2×12의 매트릭스 구조가 있다고 가정해 보자. 물론 굉장히 입맛이 당기는 플랜이지만, 현실적으로 폐쇄형 매트릭스를 완전히 메우는 경우는 거의 없다. 오히려 40%의 수당이 지급되는 5×6의 구조에서 더 많은 수익을 올리게 될 것이다.

② 모든 레벨에 대해 수당을 지급받는가?

폐쇄형 매트릭스 플랜 중에는 일정 레벨에서 규정된 수의 사업자를 확보하지 못하면 커미션을 지급하지 않는 경우도 있다.

③ 어떤 상품군과 잘 맞는가?

매트릭스 플랜은 모든 상품군과 잘 맞으며 특히 서비스 회사, 정기구독 판매회사 같은 업체들에게 더 적합한 것으로 알려져 있다.

유니레벨 방식(Unilevel Plan)

유니레벨은 폭은 무한대이고 깊이는 제한되어 있는 구조를 갖는다. 유니레벨(Unilevel)을 말 그대로 해석하면 레벨이 하나인 방식이라는 의미이다. 유니레벨 방식은 가장 단순한 형태의 보상체계로서 폭에는 한계가 없고 일정한 수의 레벨이 있는데 주로 3레벨에서 9레벨 정도가 널리 쓰인다. 그리고 각 레벨에 다양한 보너스율이 주어지며 지정된 레벨에서 많은 제품을 판매할수록 더 큰 수입을 올릴 수 있다.

특성 및 장·단점

유니레벨은 단순하고 단도직입적인 형태이므로 많은 사람들이 쉽게 설명할 수 있고 또한 이해할 수 있다는 장점이 있다. 따라서 조직의 확산(recruiting)에 있어서 필수 불가결한 요소인 자기증식 경향을 가지고 있다.

하지만 폭에는 제한이 없고 깊이에 제한이 있는 기본구조 때문에 자신에게 수당이 지급되는 최저선 레벨을 넘기지 않으려는 동기가 발생하여 가능한 한 폭을 넓게 유지하려 한다. 그리고 이러한 성향은 개인적인 후원을 필요로 하는 프런트라인 회원들에게 부정적인 영향을 미치게 된다.

이러한 한계를 극복하기 위해 즉, 깊은 구조를 구축하기 위해 세 번째 레벨에 높은 보너스 비율을 쌓는 방법이 시도되고 있지만 이 방법 역시 근본적인 해결책은 아니다.

유니레벨 방식의 또 한 가지 단점은 깊이가 제한되어 있기 때문에 브레이크어웨이 방법 등에 비해 보장되는 수익이 상대적으로 적다는 점이다. 이를 극복하기 위해 최저 레벨을 확대하기도 하였지만 20, 30레벨까지 보너스를 지급할 수 있는 경우는 실질적으로 발생하지 않는다. 이러한 맥락에서 대부분의 유니레벨 방식은 롤업(roll-up)과 압축(compression)을 사용한다.

이것은 활동적인 사업자의 판매량을 한시적으로 비활동적인 사업자의 레벨로 이동시켜 원래는 커미션 지급의 대상이 안 되는 깊이의 레벨에까지 닿도록 하는 것이다.

유니레벨 방식의 또 다른 특징은 '무한정 보너스(infinity bonus)'이다. 이는 브레이크어웨이 방식을 선호하는 사업가형 사업자들의 관심을 끌기 위한 인센티브이다.

몇 가지 고려해야 할 사항들

① 커미션을 받을 수 있는 모든 레벨에 대해 수당을 지급받는가?

프로그램마다 조금씩 다르지만 대부분 개인판매 요구량을 충족시키는 것만으로도 모든 레벨에 대해 수당이 지급된다. 그러나 판매 요구량을 제시하거나 의무적으로 채워야 할 사업자의 수를 정해 놓는 곳도 있다. 추가적인 요구 사항을 둔 경우, 그것에 따른 커미션이나 보너스를 지급한다.

② 더 많은 커미션을 받기 위해 요구되는 판매량은 얼마인가?

더 많은 레벨에 대한 커미션, 더 많은 금액의 커미션을 받기 위해 요구되는 판매량은 회사마다 다르다. 또한 직접적으로 사업자의 수를 제시하는 회사도 있다. 이것에 따라 수당이 달라지므로 주의해서 살펴보아야 한다.

스테어스텝/브레이크어웨이방식(StairStep/Breakaway Plan)

브레이크어웨이 방식은 두 가지의 측면을 가지고 있다. 전면은 계단의 의미이고 후면은 분리독립이다. 전면은 보통 5 내지 8개의 단계가 있어 일정 기간 동안 규정된 판매실적을 달성하여 더 높은 위치로 상승하는 것이다. 따라서 당신의 아래에 있는 사업자들은 모두 당신그룹의 다운라인으로 간주되며, 그들의 매출과 당신 자신의 매출의 합은 당신이 분리독립(브레이크어웨이)하는 단계에 이를 때까지 합산 적용되는 시스템이다.

일단 분리독립을 하면 자신이 만든 조직도 함께 독립이 된다.(여기서 말하는 분리독립이란 지불체계의 독립을 말하며 개인 그룹조직과의 관계는 지속된다.) 그리고 함께 독립한 다운라인들의 판매액과 자신의 판매액이 합쳐져 '그룹 판매액'을 형성한다.

대부분의 브레이크어웨이 방식에는 미리 규정된 개인판매 요구량과 그룹판매 요구량이 있는 경우도 있다. 그리고 다른 분리 독립된 그룹에 대한 커미션을 받으려면 이 요구량을 달성해야 한다. 여기서 개인 판매액은 브레이크어웨이 방식의 전면과 후면 모두에게 적용된다.

그리고 당신이 개인적으로 후원한 그룹내의 한 사람이 또 다시 분리 독립할 자격을 갖추게 되면 그들은 공식적으로 당신 개인의 그룹에서 독립하고 그들 아래에 있는 사업자들과 판매량 모두를 당신에게서 가져가 버린다.

그리하여 그들은 당신의 1세대 분리독립 그룹이 되는 것이고 당신은 매월 규정된 그룹판매 요구량을 만족시킴으로써 그 그룹에 대한 커미션을 매월 지급받게 된다. 이 때, 명심해야 할 것은 세대별 분리독립 그룹들에 대한 커미션을 받으려면 매월 자신의 개인 판매 요구량이나 그룹판매 요구량을 달성해야 한다는 것이다.

특성 및 장·단점

브레이크어웨이 방식은 수당이 지급되는 레벨의 깊이가 '무한정'이라는 사실을 장점으로 주장한다. 실제로 브레이크어웨이 방식은 그 본질적인 특성 때문에 매트릭스나 유니레벨에 비하여 더 깊은 레벨의 판매에 대해서까지 수당을 지급받는다.

이러한 측면에서 볼 때, 분명히 매력적인 보상 플랜임에는 틀림없다. 바로 그 이유 때문에 많은 네트워크 마케팅 기업들이 이 방식을 사용하고 있는 것인지도 모른다.

하지만 사업자의 관점에서 볼 때, 매력적이라는 사실만으로 많은 기업이 이 방식을 채택하고 있는 것은 아니다. 왜냐하면 고정된 매출액에서 일정 부분이 기업의 이익과 사업자의 수당으로 양분되기 때문이다.

그렇다면 기업의 관점에서 브레이크어웨이 방식이 갖는 매력은 무엇일까? 그것은 바로 조직의 확산과 활성화를 달성시켜 준다는 점이다. 즉, 사업자는 자신에게서 분리 독립한 그룹의 판매액에 따라 수당을 받기 위하여 개인, 그룹판매 요구량을 달성해야 하기 때문에 끊임없이 판매(retailing)를 늘려야 하고 수많은 신입회원을 찾아 나서야(recruiting) 하는 것이다.

이러한 한계를 극복하기 위해 요즘은 좀더 융통성 있는 브레이크어웨이 방식도 시도되고 있다.

예를 들면 분리 독립된 그룹의 판매가 일정기간 동안 자신의 판매에 합산되는 것이다. 즉, 그룹을 독립시킨 사람이 자신의 다운라인을 다시 구축할 수 있도록 시간적 여유를 제공하는 것이다.

몇 가지 고려해야 할 사항들

① 분리 독립하기까지 요구되는 판매량과 이를 달성하는 데 어느 정도의 기간이 걸리는가?

어떤 플랜은 한 달만에 800만원의 매출을 요구하기도 하고 어떤 것은 규정된 기간없이 800만원을 달성하도록 하기도 한다. 800만원이라는 액수는 같아도 이 둘 사이엔 커다란 차이가 있는 것이다. 제약을 받지 않는 판매량 부분, 판매량에 따른 보너스, 상품군의 경쟁력, 도매 또는 소매 판매량을 함께 따져보는 것이 좋다.

② 분리 독립한 그룹에 대한 커미션을 받을 자격을 갖추기 위해 달성해야 할 개인그룹 매출액은 얼마인가?

개개인의 능력에 따라 달성할 수 있는 수치가 달라진다. 따라서 회사가 요구하고 있는 능력과 자신의 능력이 맞는지 점검해 보아야 한다.

③ 그룹의 판매로 수당을 받을 수 있는 분리 독립 그룹의 세대수는 얼마인가?

대부분의 브레이크어웨이 플랜은 최소 5개의 레벨이 있다. 그리고 각 레벨에서 요구되는 분리 독립 그룹의 수가 다르다. 그렇기 때문에 개인 그룹의 판매 요구량과 소매 능력을 반드시 알아보아야 한다. 그리고 실질적인 각 세대의 커미션 퍼센트와 가산 수수료 커미션의 퍼센트를 고려해야 한다.

바이너리 방식(Binary Plan)

간단히 말해 바이너리 방식은 좌측과 우측이 있는 플랜이다. 대부분의 바이너리 플랜에는 001, 002, 003……과 같은 숫자화 된 비즈니스 센터(business center)라는 것이 있다.

또한 바이너리 방식의 사업자들은 고정된 금액만큼의 상품을 구매하여 최고 세 개의 비즈니스 센터를 확보한 상태에서 출발할 수 있다.

예를 들면 001(홍길동)은 최고 자리의 센터로 좌측에 하향 확장되고 있는 002(홍길동)와 우측에 역시 하향 확장되고 있는 003(홍길동)을 둔다. 또한 002센터와 003센터는 각각 좌 002(김선달), 우 002(김선화), 좌 003(이성희), 우 003(박경수)이라는 두 개씩의 후원계열을 둔다.

그리고 양측은 매출액을 쌓아가 한 주(한 달이 아니다)의 마지막에 측면별로 각 후원계열에서 발생한 매출을 합하여 양측을 비교한다. 만약 '약한' 측(매출이 적은 측)의 후원계열이 커미션을 받을 수 있을 정도의 판매실적을 올렸다면 당신은 그것에 대해 수당을 받게 된다. 이렇게 바이너리 방식은 약한 측의 후원계열이 달성한 판매 실적이 수당의 책정에 중요한 요인으로 작용한다.

특성 및 장·단점

바이너리 방식은 다운라인 구축을 위한 가장 단순하고 자기증식성이 강한 시스템이 될 수 있다. 두 명을 모집하여 한 명은 002에 나머지 한 명은 003에 배치한 다음 그 두 사람도 당신처럼 할 수 있도록 노력을 기울이면 된다. 그리고 한 쪽이 약해지면 약한 쪽의 사람들을 더 많이 후원하면 된다.

이론상으로 볼 때, 이것은 매우 간단하다. 그러나 대부분의 사업자들이 이것을 이해하는 데는 상당한 시간을 요한다.

바이너리 방식에서 가장 과장되게 알려져 있는 장점은 자신에게 상계될 수 있는 레벨의 깊이가 무한정이라는 것이다. 이것은 틀림없는 사실이지만 깊은 레벨에서의 판매실적이 실질적으로 가져다 주는 수당은 무의미할 정도로 적다.

예를 들어 1,000레벨 깊이까지 확장된 계열을 갖고 있다고 가정해 보자(대부분의 바이너리 방식은 재등록이 가능하기 때문에 이 정도의 깊이도 가능한 일이다). 여기서 자격이 안 되는 비즈니스 센터나 이미 활동을 하지 않는 센터를 감안하여 1,000레벨에서 200레벨 정도만 판매실적에 대한 수당을 받을 자격이 있다고 해도 실질적인 액수는 매우 적다.

그렇다고 바이너리 방식이 나쁘다는 것은 아니다. 다만, 겉으로 드러나는 장점들이 과장되어 해석될 가능성에 대한 경각심만은 가져야 한다. 특히, 이 방식은 직급보다는 판매액이 수당을 결정하는 요인이기 때문에 네트워크 마케팅 기업이 취급하는 제품에 따라서는 매우 적합한 보상 플랜이 될 수도 있다.

특히 회사가 소유하는 지불되지 않은 수당에 대한 처리를 어떻게 하느냐가 바이너리 방식의 또 한 가지 중요한 요소이다.

몇 가지 고려해야 할 사항들

① 각 인컴 또는 비즈니스 센터를 운영하는데 얼마의 비용이 드는가?

예를 들어 한 센터의 비용이 100만원이라고 하면 세 개의 센터를 운영하는 데는 300만원이 든다는 얘기가 된다. 처음부터 몇 개의 센터를 운영할 것인지 결정해서 그 만큼의 돈을 투자해야 하므로 꼼꼼한 체크가 요구된다. 만일 세 개를 확보하고 시작하면 잠재적인 커미션 액수는 세 배가 되는 셈이다. 그러나 한 개의 센터로 출발해서 그 센터가 최대화되는 것에 성공했다면 재등록의 자격을 얻어 또 하나의 센터를 가질 수 있는 기회가 생긴다.

② 수당을 받을 수 있는 매출 요구액은 얼마인가?

대다수의 바이너리 플랜은 균형 매출액에 대해 5~10%의 커미션을 지급한다. 그러나 수당 산정의 기준이 되는 약한 레그 측에 새로운 등록자가 생기면 받을 수 있는 수당이 적어진다.

③ 수당을 지급받을 수 있는 다른 방법들도 있는가?

최근에 새로 나오고 있는 바이너리 플랜들 중에는 최고의 판매원에게 지급되는 보너스가 있다. 이런 보너스 제도는 앞으로도 계속해서 생겨날 것이다.

국제후원과 보상플랜

네트워크 마케팅의 국제후원제도란 자사가 다른 국가에 진출하여 영업활동을 하고 있는 해당국가에서 스폰서(후원) 활동을 함으로써 본인의 다운라인 조직을 국내뿐만 아니라 국제화할 수 있는 제도이다. 이것은 국제 후원한 사업자 조직이 그 나라에서 판매 및 후원활동을 통한 매출에 기여한 공로를 인정하여 후원받은 나라의 회사에서 국제간 보상하는 제도이다.

이러한 국제후원의 보상은 네트워크 마케팅 기업이 다른 나라에 진출하기 위해 사전에 사업자들의 국제간 인적자원을 활용함으로써 새로운 시장 진출에 따른 사업기반 조성에 많은 기여를 한다는 개념이다.

기업이 국제후원 제도를 도입하는 것은 새로운 신규시장 개척에 따른 마케팅 전략의 일환으로 사전에 확보된 조직화되고 정예화된 사업자 조직을 활용함으로써 신규시장 진출이 용이하기 때문이다.

네트워크 마케팅 기업이 추구하는 국제 후원제도의 활용은 두 가지 방식을 주로 활용하고 있다.

첫째, 기업이 각 나라에 진출하더라도 사업자 조직을 하나의 거대그룹으로 인정하고 그에 따른 보상제도를 동일하게 운영하는 방식이다. 즉, 국제간이라 하더라도 직계 다운라인으로써 동일한 보상 운영체계를 적용하는 것이다.

둘째, 각 나라와 나라 사이에는 법률적 제도나 생활문화가 다르기 때문에 직접 사업활동을 하는 것이 아니라, 대리 후원(스폰서)하고 후원한 그룹의 사업자가 일정 직급에 오르게 되면 후원자가 받는 보너스의 50%를 대리후원자에게 지급하는 제도이다. 단, 본인도 유자격자의 기준에 들어야 한다(회사마다 자격유지 조건을 달리 하고 있다).

그리고 이러한 국제후원을 지역간 대리 후원제도로 활용하는 기업도 있다. 그것은 지역간 후원활동이 지리적, 시간적 한계를 극복할 수 있도록 대리 후원하게 함으로써 그 지역 조직의 리더를 통해 대리후원관리하는 것을 말한다.

이러한 제도는 지리적으로 먼 거리에 있는 후원 가능한 인척이나 친구, 동창들을 현장에 가지 않고서도 사업자로 참여시켜 활동을 할 수 있게 한다.

보상플랜의 장단점과 분석 요령

앞에서 소개한 대표적인 보상플랜 이외에도 네트워크 마케팅 업계에서 사용하고 있는 보상플랜은 너무나 많다. 그러나 그 구조를 제대로 이해하고 있는 사업자는 거의 없는 실정이다.

이에 따라 자신과 맞지 않는 사업을 하거나 자신의 노력에 대해 정당한 보상을 받지 못하는 경우도 많이 있다. 그러므로 네트워크 마케팅이 더욱더 많은 사람들에게 신뢰를 받기 위해서는 무엇보다 사업자들이 자신의 회사에 대한 보상플랜에 대해 정확하게 이해하는 것이 필요하다.

자신이 몸담고 있는 회사의 보상플랜을 제대로 이해하지 못하면, 리크루팅할 때, 여러 가지로 오해를 받을 수도 있고 불신을 심어주게 된다. 특히 네트워크 마케팅 사업에 참여하기로 결심한 사람들은 겉보기에 수당지급이 많아 보이는 것들이 실제와 다를 수도 있으므로 유의해야 한다.

어찌되었든 사업자들이 보상플랜을 잘 이해하고 있어야만 스스로의 권리를 제대로 찾을 수 있을 뿐만 아니라, 회사로 하여금 더 좋은 보상체계를 고안하도록 압력을 가할 수 있다. 결국 더 큰 수익을 얻기 위한 기회는 사업자들의 노력 여하에 따라 달라지는 것이다.

보상플랜 / 장단점	브레이크어웨이 방식	매트릭스 방식
장 점	① 소득의 가능성이 무한하다. ② 지불 범위가 깊다 ③ 다운라인을 무한대로 넓힐 수 있다. ④ 안정성 높은 회사가 채택하고 있다.	① 스필오버(Spillover)가 있다. ② 관리가 쉽다. ③ 구조가 단순하다.
단 점	① 보상이 늦다. ② 월 할당량이 많다. ③ 구조가 복잡하다. ④ 업라인이 수수료를 가장 많이 받는다.	① 게으른 다운라인이 생긴다. ② 노력에 따른 차이가 적다. ③ 성장에 한계가 있다. ④ 정부의 조사가 심하다.
	유니레벨 방식	바이너리 방식
장 점	① 구조가 단순하다. ② 다운라인을 무제한으로 가입시킬 수 있다. ③ 스필오버가 있다. ④ 자격요건이 간단하다.	① 최고 세 개의 비즈니스 센터를 확보한 상태에서 출발할 수 있다. ② 분리 이탈에서 생기는 수수료가 많다. ③ 레벨의 깊이가 무한정이다. ④ 자신의 업라인이 다운라인이 될 수도 있다.
단 점	① 성장하는데 한계가 있다. ② 사업확장을 위한 라인 구축보다는 소비자만 다운라인으로 두기가 쉽다.	① 직급보다 판매액이 우선이다. ② 구조가 복잡해서 리크루팅할 때 설명하기가 어렵다.

그러면 보상플랜의 차이를 알아보기 위해 간단하게 사례를 제시하고자 한다. 아래의 두 보상플랜은 단계별로 퍼센트를 같게 하여 알아보기 쉽게 만든 것이다. 실제로는 이보다 복잡하게 계산되지만, 일단 보상플랜에서 간과하기 쉬운 부분에 집중하기 위해 일률적으로 만들었다.

　다음의 도표를 언뜻 보면 플랜 1에서 더 많은 커미션을 지불하는 것으로 생각될 것이다.

단계	플랜 1	플랜 2
1	6%	5%
2	6%	5%
3	6%	5%
4	6%	5%
5	6%	5%
6	6%	-

　하지만 그 이면을 살펴보면 반드시 그렇지만 않다는 것을 알게 된다.

　첫째, 플랜 1에서 값싼 세제류를 주력제품으로 하는 반면, 플랜 2에서는 보석이나 정수기, 기능성 속옷처럼 값비싼 제품을 주력제품으로 다룬다면 커미션은 플랜 2가 더 많이 받을 수 있다. 이처럼 제품이 무엇이냐에 따라 커미션이 달라지므로 커미션 비율만으로 네트워크 마케팅 회사를 선택하는 것은 오류다.

　둘째, 두 플랜에서 똑같은 가격의 똑같은 제품을 다룬다고 가정해 보자. 그러면 어느 플랜이 유리할까? 예를 들어 플랜 1에서 그룹판매 할당량이 한 달에 1,000만원이고 개인할당량이 100만원이라면 어떨까? 바로 이런 점이 있기 때문에 보상플랜은 여러 각도에서 점검해 보아야 한다.

셋째, 보상플랜에서 특정한 단계, 지위, 커미션, 직급에 오르는 자격 요건 등은 보상플랜을 선택할 때 간과되기 쉬운 사항이다. 특히 대부분의 플랜은 말로만 설명되기 때문에 필요한 노력이 정확히 무엇인지 제대로 알 수 없다.

올바른 회사 선택의 체크 포인트 15가지

올바르게 사업을 전개하려면 올바른 네트워크 마케팅 회사를 찾는 일이 선행되어야 한다. 하지만 올바른 회사를 선택하는 일이 그리 쉬운 것은 아니다. 수많은 회사들이 사업을 전개하려는 사람들의 관심을 끌려고 하지만, 그런 회사들 대부분은 신규회사로 실패율이 높은 편이다.

어찌되었든 올바른 회사를 선택하는 일은 네트워크 마케팅 사업의 성공에 있어서 필수조건이다. 그러므로 그 기본조건을 명확히 알고 회사를 선택하는 요령이 필요하다.

장기간 동안 네트워크 마케팅을 해온 회사인가?

우선 오랜 기간 동안 사업을 해온 회사인지 확인하라. 네트워크 마케팅은 제품 유통에 있어서 혁신적인 방법이지만, 회사를 구성하는 방법은 회사마다 서로 다르기 때문에 이 점에 특히 유의해야 한다. 실제로 네트워크 마케팅 업계에는 오늘 화려하게 출발했다가 내일 사라지고 마는 회사들이 많이 있다.

성장가능성이 있는 회사인가?

성장하고 있는 신생기업의 초기단계에 들어가면 일정 기간이 흐른 후, 최고 레벨에 오를 수 있는 확률이 높아진다. 그러나 좋은 사업기회라고 알려지면 너도나도 달려들어 사업을 전개하고자 하기 때문에 도중에 어이없이 무너지는 꼴을 보고 싶지 않다면 성장 가능성에 대해 면밀히 검토를 해야 한다.

발전하고 있는 신생기업들은 혁신적인 네트워크 마케팅 시스템의 최전선에 있기 때문에 전통적인 방식의 좋은 점과 새로운 방식의 장점을 잘 결합시켜 엘리베이터를 탄 것처럼 빠른 속도로 성장하기도 한다. 그렇기 때문에 경험이 풍부한 네트워크 마케팅 사업자들은 "2, 3층에서 엘리베이터를 타고 건물 꼭대기까지 올라가는 것이 더 나을지도 모른다"라고 생각하는 것이다.

만약 당신이 고려하는 회사가 신생기업이라면 그 성장 가능성에 대해 꼼꼼히 살펴보도록 하라. 그 회사가 미래에 급속한 성장을 할 가능성이 있는지 그리고 다른 기준에도 부합하고 있는지를 체크할 필요가 있는 것이다.

재무기반이 튼튼한가?

어떤 분야에서든 실패하고 있는 기업의 내면을 들여다보면 대부분 재무기반이 취약하다는 단점이 드러난다. 그 중에서도 특히 네트워크 마케팅 신생기업들은 자금압박을 많이 받는다. 따라서 신생기업을 염두에 두고 있다면 재무적으로 탄탄한지를 우선적으로 고려하는 것이 좋다.

경영진의 전문성은?

사업이 어느 방향으로 진행되어야 하는지를 잘 알고 있는 전문적인 관리자가 필요하다. 네트워크 마케팅 사업자들은 보통 회사 경영진이 경험이 많고 독창적이며 창조적이고 전문적이기를 원한다.

만약 당신도 그러한 조건을 원한다면 자신이 고려하고 있는 회사가 한국방문판매업협회(KDSA)나 세계직접판매협회와 같은 업계협회에 소속되어 있는지를 체크하라.

네트워크 마케팅을 전개하는 최고의 회사들은 대부분 협회에 소속되어 있다. 그리고 해당 협회에 가입하는 회사들은 모두 엄격한 조사와 회원 대기기간을 거쳐야 하며 협회의 행동강령을 준수해야만 한다.

사업자들을 중요시하는가?

회사가 일선에서 마케팅을 담당하는 네트워크 마케팅 사업자들을 얼마나 소중하게 생각하는지 살펴 보라. 사업자들을 소중하게 생각하는 회사는 제품을 개선할 수 있는 방법을 다각도로 모색하고 사업방식이나 사업자의 네트웍 망을 탄탄하게 구축시켜 주기 위해 도와줄 방법을 찾고자 끊임없이 연구·노력한다. 그리고 그러한 회사는 사업자가 필요로 하는 것이 무엇인지 잘 알고 있으며, 그것을 철저하게 뒷받침해준다.

또한 뛰어난 회사는 자사의 성공이 네트웍 사업자의 성공에 달려 있다는 것을 잘 알고 있으며 연수, 지원, 교육, 격려를 통해 사업자가 성공할 수 있도록 다양한 방법으로 지원한다. 그러므로 자신이 선택하는 회사가 사업자의 성공, 네트워크 마케팅 회사로서의 미래에 대한 비전을 제시하는지 잘 알아보아야 한다.

전문적인 사업 도구가 있는가?

어떤 회사이든 등록계약서에 서명을 하기 전에 그 회사가 자신의 사업을 성공적으로 이끄는데 필요한 사업 도구를 갖추고 있는지 확인하라.

여기서 사업 도구라고 하는 것은 명함, 제품 카탈로그, 소책자 등 사업을 전개하는데 있어서 도움이 되는 것들을 말한다. 물론 회사 소개 비디오 테이프나 사업자를 위한 교육 프로그램도 훌륭한 사업 도구이다.

사람들이 사고 싶어하는 제품을 취급하는가?

회사의 제품이 아주 특별한 것일 필요는 없다. 현재 많은 사람들이 활동하고 있는 거대 네트워크 마케팅 회사들은 대부분 일상생활에 필요한 세제나 화장품 등을 팔아 많은 돈을 벌어들인 것이다.

하지만 특별한 가치, 특별한 품질, 특별한 서비스를 제공하여 사람들이 사고 싶어 안달을 부릴 정도로 우수한 제품을 판매하는 네트워크 마케팅 회사를 선택하도록 하라. 특히 이미 소비자가 알고 있거나 진실로 원하는 것을 주력 제품으로 하는 회사가 좋다.

보상플랜을 따져 보라.

합법적인 네트워크 마케팅 회사들은 제품의 이동없이 사람들을 모집하는 것만으로는 보상을 해주지 않는다. 즉, 소매든 도매든 회사 제품이 최종 소비자에게 이동하도록 기여를 해야만 보상플랜이 이루어지는 것이다.

그리고 사업자로 등록할 때 등록비는 법적으로 받을 수 없게 되어 있으며, 합법적인 회사들은 제품을 구입하기 위해 대량으로 투자하는 것을 요구하지 않는다. 또한 미판매 재고에 대해서는 자유로운 반품을 허락하고 있다. 그러므로 여러 가지 조건을 꼼꼼히 체크하여 회사를 선택해야 한다.

위험도는 어느 정도인가?

신생 회사들은 성장의 여지가 많긴 하지만 그만큼 위험도도 높다. 그러므로 새로운 사업을 선택하고자 할 경우에는 감당할 수 있는 위험도를 세심하게 평가해야 한다.

그리고 이미 기반을 구축하고 많은 매출을 올리고 있는 회사라 해서 무조건 배제하는 태도도 옳지 않다. 현재 수많은 사업자들이 활동하고 있고 또한 크게 성공한 회사일지라도 신규 사업자가 성공할 여지는 얼마든지 존재한다.

물론 일정 지역에서 그리고 이미 상당한 입지를 구축한 회사에서 커다란 조직을 구축하려면 더 많은 시간과 노력이 요구된다는 것은 부인할 수 없다. 그러한 이유 때문에 일부 네트워크 마케팅 사업자들은 아직 성장가능성이 많은 회사에 가입하기도 한다.

하지만 네트워크 마케팅에서는 자신이 아는 사람들에게 제품을 소개함으로써 사업을 구축한다는 사실을 다시 한 번 상기하도록 하라.

대부분의 세상 사람들이 이미 당신 회사의 제품을 사용한다고 하더라도 당신의 친구와 가족들은 아직 사용하지 않을 수도 있기 때문이다. 따라서 그들과 함께 제품과 사업적 성공을 공유함으로써 사업을 구축할 수 있는 것이다.

어느 정도로 지원받을 수 있는가?

네트워크 마케팅 사업은 단순한 시스템으로 이루어지지만 그렇다고 쉬운 것은 아니다. 어떤 일이든 마찬가지이지만 사업을 전개하다 보면 굴곡이 따르는 것이다. 그러므로 무엇보다 중요한 것이 '성공의 열쇠'를 찾아내야 한다는 점이다.

물론 이미 최고의 자리에 있는 사람들은 무엇이 효과적이고 무엇이 그렇지 않은지에 대해 잘 알고 있지만, 초보자는 모든 성공의 열쇠에 대해 다 알지 못한다. 그렇지만 걱정할 필요는 없다. 당신은 성공의 열쇠를 제공하는 즉, 성공의 길을 알고자 하는 당신에게 도움을 줄 수 있는 스폰서와 회사를 선택하면 된다.

특히 네트워크 마케팅에서는 회사가 제공하는 정보, 마케팅 요령, 지역 관리자로부터의 강력한 지원이 당신의 성패를 갈라놓을 수도 있다. 그리고 스폰서, 스폰서의 스폰서, 그 스폰서의 스폰서로부터의 강력한 지원 역시 성공의 길로 들어서는 데 있어서 필수적이다.

그러므로 가입을 하기 전에 회사나 네트웍 망의 상위 라인으로부터 어느 정도의 도움을 받을 수 있는지 물어보도록 하라.

내가 즐겨 쓸 수 있는 제품인가?

자신이 믿는 제품 혹은 서비스로 가득 찬 카탈로그는 삶의 기쁨을 더해준다. 그리고 당신이 회사 제품을 사용하고 그것을 즐긴다면 자신이 아는 사람들에게 그 제품을 추천하고 싶어질 것이다.

네트워크 마케팅을 전개하는 사업자로서 이러한 자세는 기본적인 것이다. 당신이 네트워크 마케팅에서 성공하고자 한다면 반드시 스스로 제품을 즐겨 사용해야 한다.

비록 제품을 직접 판매하거나 판매로부터 어떤 보상을 받지 않는다 할지라도 자신이 직접 사용할 수 있는 제품을 판매하는 회사를 선택해야 한다. 그러면 제품에 대한 자신의 열의가 다른 사람들에게까지 영향을 주어 모든 참여자에게 이익을 가져다 줄 것이다.

재미있게 일할 수 있는 회사인가?

'이것이 뭐가 중요한가?' 라고 의아하게 생각하는 사람이 있을지도 모르지만, 절대로 가벼운 문제는 아니다. 재미있는 회사, 창조성을 최대로 고무시키는 회사, 긍정적이고 즐거운 사람들을 끌어들이는 회사, 함께 일하는 것이 기대되는 그런 회사를 찾아가라.

그런 분위기 속에서 그런 사람들과 일을 하면 회사의 많은 사람들이 자신의 가장 가까운 동료이자 가장 아끼는 친구가 될 것이다. 그러면 자연스럽게 일이 즐거워질 수밖에 없다. 그러므로 수입뿐만 아니라 자신의 삶에 아름다움과 품격 그리고 진실함을 더해줄 수 있는 회사를 선택해야 한다.

소송전력을 알아 보라

목표로 하는 회사와 그 회사의 주요 인물들이 송사에 연루된 적이 있는지를 알아 보라. 만약 그런 일이 있다면 판결 결과를 확인하도록 하라. 세금과 관련된 것인지 아니면 다른 불법적인 요소가 있었는지를 파악하는 것이 올바른 회사를 선택하는 데 있어서 좋은 방향을 제시하게 된다.

윤리적인 기업을 찾아라

회사에 가입하기 전에 정부규제를 받을 가능성이 높은 회사인지 알아 보라. 예를 들어 환경 친화적인 제품인지, 보조식품이면서 치료제라고 강조하여 보건복지부의 제재를 받을지도 모르는 위험을 안고 있는지 등을 살펴보아야 하는 것이다.

또한 쉽게 빨리 돈을 벌 수 있게 해준다고 약속하면서 제품을 대량으로 구입하라고 강요하는 회사도 문제가 많다. 합법적인 회사는 절대로 신규가입자에게 부담스러울 정도의 구매를 강요하지 않는다.

그리고 합법적인 회사는 반품에 대해 명확한 규정을 정해놓고 그것을 실천하고 있으며 엄청난 수입을 보장한다는 식의 홍보를 하지 않고 열심히 노력하는 사람에게만 성공이 돌아간다는 사실을 강조한다.

소득에 대해 지나치게 자랑하는 회사 역시 피해야 한다. 규제당국의 입장에서 볼 때 이러한 행위는 예상고객을 현혹하려는 의도로 파악할 수 있기 때문에 현명한 회사는 사업자들이 수입에 대해 이러쿵저러쿵 떠벌리지 않도록 사전에 주의를 시키는 것이다.

업계에 떠도는 소문을 확인하라

인터넷 게시판이나 각종 뉴스 매체에 올라 있는 다양한 정보를 통해 고려하고 있는 회사의 내막에 대해 알아보아야 한다. 이 때에는 허위정보에 주의하도록 하고 항상 정보의 출처를 확인해야 한다.

특히 업계의 전문지나 언론의 평가가 어떻게 내려지고 있는지 살펴보는 것이 좋다.

성장가능성은 이렇게 체크한다

당신이 선택한 회사는 제 4물결에 편승하고 있는가? 성장가능성은 어느 정도인가?

물론 이러한 사항을 체크하는 것이 쉬운 일은 아니다. 어떠한 기준 하에서 그러한 판단을 내려야 하는지 종잡을 수 없기 때문이다. 하지만 다음의 사항들은 제 4물결을 주도하고 있는 혁신적인 기업인지 아니면 조만간 문을 닫아버릴 기업인지를 구분하게 해주는 잣대가 된다.

정보화에 앞선 회사인가?

제 4물결을 주도할 혁신적인 기업들은 네트워크 마케팅 사업자에게 음성사서함이나 음성방송 서비스, 웹 호스팅과 인터넷, 팩스 그리고 전자우편으로 보는 뉴스레터 등 각종 정보통신 서비스를 제공한다. 또한 여기에서 더 나아가 위성 TV 방송과 화상회의까지 제공하는 회사도 있다.

어떤 턴키 시스템을 제공하는가?

턴키 시스템은 사업의 일부를 단순화 혹은 자동화하여 사람들이 보다 쉽게 사업을 운영할 수 있도록 하는 방법 혹은 과정을 말한다. 그러므로 제 4물결을 주도하는 혁신적인 기업이라면 사업자에게 다음과 같이 다양한 노동절약 시스템을 제공해야 한다.

① 우수한 판촉용 인쇄물
② 고객유치용 비디오와 오디오 카세트
③ 고객유치와 교육을 위한 원격회의, 위성방송 등 표준화된 교육 프로그램
④ 팩스나 음성사서함, 전자우편, 웹사이트를 통한 다운라인 계보 확인, 그룹 매출액 및 순간 주문확인, 회사 발표 정보 확인
⑤ 고객 구매 습관 추적보고 시스템
⑥ 800번호나 전자상거래 웹사이트를 통해 고객주문 직접처리 (드롭 쉬핑)
⑦ 주문수량에 관계없이 24시간 신용카드 주문 가능, 48시간 이내 배달 보장 시스템
⑧ 다운라인의 질문에 리더가 일일이 대답할 필요없이 문의사항을 일괄적으로 처리할 수 있는 직통전화 시스템

'하이터치' 요소가 있는가?

제품이나 서비스는 일대일 판매가 가능한 것이어야 한다. 예를 들어 제품 판매와 관련하여 상당히 긴 설명이나 사용 체험담이 필요한 제품은 혁신적인 기업의 유통 방식에 잘 부합된다.

장기적인 성장 전략이 있는가?

아무리 잘 팔리는 제품이라 할지라도 단일 제품이나 서비스로는 혁신적인 기업의 발전을 무한하게 유지할 수 없다. 최소한 제품 다양화와 세계적 시장 확대를 통하여 무한한 발전을 유도할 기업전략이 있어야 한다. 즉, 혁신적인 제 4물결 기업은 전세계 고객에게 제품과 서비스를 이동시키는 세계적 유통 고속도로의 역할을 해야하는 것이다.

혁신적인 보상플랜인가?

보상플랜은 그 회사의 커미션 지급 구조로 네트워크 마케팅 사업자의 수입 산정 방식이다. 그리고 혁신적인 제 4물결 회사는 네트워크 마케팅을 부업으로 하는 사람이나 상당한 수입을 올리려는 전업 사업자 모두에게 기회를 제공하는 균형잡힌 보상플랜을 제시한다. 보다 자세한 내용은 보상플랜 부분을 참고하도록 하라.

물론 이 모든 점을 동시에 만족시키는 네트워크 마케팅 회사는 거의 없으며 극히 일부 기업에서만 그러한 시스템을 유지하고 있다. 그러므로 이 모든 사항에서 완벽을 기하고자 한다면 비관적인 결과를 얻을지도 모른다. 하지만 적어도 성장가능성을 내다볼 수 있는 회사라면 제 4물결에 대한 미래의 비전을 갖고 있어야 하며 그 방향으로 나아가고 있다는 증거를 보여주어야 한다.

즉, 정보통신의 현대화, 시장 및 제품라인의 확대, 턴키 시스템의 향상, 보상플랜 보강 등에 있어서 현재와 미래에 대한 계획을 갖고 있어야 하는 것이다.

제품으로 우량기업을 판단한다

제품은 네트워크 마케팅 회사의 성패를 결정한다. 따라서 기업 라인의 제품은 독특하고 소모품이어야 하며 그 속에 강한 내력과 고객에게 충분한 가치를 제공해야 하고 환불보장제도를 받쳐줄 만큼 뛰어나야 한다. 비록 한 두 가지이기는 하지만 고객에게 강한 영향력을 발휘하는 제품이 있다면 사업자들은 그만큼 더 성공을 향해 한 발짝 다가설 수 있을 것이다.

그러므로 제품을 선택할 때에는 다음의 조건을 충족시키는지 알아보아야 한다.
① 감정에 호소할 수 있을만한 특성을 지니고 있는가?
② 소비재인가?
③ 독특하고 독점적인가?
④ 타사의 경쟁제품과 구별될 만큼 독특한 판매방식을 창출해 낼 수 있는가?
⑤ 소매, 소비자 수준에서 적정한 가격을 유지하고 있는가?

⑥ 수익성을 보장하면서도 경쟁적인 가격이 될 수 있을 정도로 마진이 높은가?

⑦ 환불을 보장해 줄 수 있을 정도로 품질에 확신을 갖고 있는가?

⑧ 패키징과 제품 발송이 경제적인가?

⑨ 제품이 회사의 사명감, 이미지 그리고 강조하는 점에 부합하는가?

⑩ 영향력 있는 제품으로서의 잠재성이 있는가?

네트워크 마케팅 기업이 성공할 수 있는 몇 가지 제품 범주는 다음과 같다.

건강보조식품/노화방지 제품/국소 연고/개인용품/일상용품/체중감량 및 유지 제품/식사 대용품이나 스낵/스킨케어/화장품 및 미용 제품/의약품/건강, 체형관리 및 신체 기능 향상 제품/가정용 세탁제/양초류/통신 서비스/자아 증진 서비스

네트워크 마케팅 기업들이 실패하는 10가지 이유

네트워크 마케팅 사업의 실패 원인은 여러 가지가 있다. 특히 그중에서도 가장 흔히 저지르게 되는 잘못이 무엇인지 파악하는 것은 사업자나 기업가 모두에게 실패확률을 줄일 수 있는 기회가 될 것이다.

자금부족

　사업을 시작하는 사람들은 누구나 희망에 부풀어 꿈을 안고 성공을 향한 긴 행로를 출발한다. 하지만 한참 길을 가다 보면 예기치 않던 일들이 발생하여 엉뚱한 곳에 돈을 쓰게 되는 경우도 있으며, 감당하기 힘든 실수를 저질러 그것을 만회하기 위해 비용을 지불하기도 한다. 그리고 곧 사업이 본궤도에 진입하기도 전에 예산이 충분치 못하다는 사실을 깨닫게 된다.

　이러한 상황에 놓이지 않으려면 소요자금에 대해 철저한 계획을 세워야 한다. 빈틈없고 치밀한 계획을 마련하여 자금을 확보한 다음에 출발을 해도 도중에 예기치 못했던 일이 발생하는 일이 비일비재한 것이다. 그러므로 필요한 자금을 마련하지도 않고 서둘러 사업에 뛰어들 생각은 아예 하지 않는 것이 낫다.

사업계획의 미비

　사업계획은 성공의 청사진으로 네트워크 마케팅은 훌륭한 건축가가 첫 삽을 뜨기 전에 설계도를 꼼꼼히 체크하는 것처럼 용의주도하게 세워져야 한다.

　그리고 또 다른 측면으로 사업계획이 잘 짜여져 있으면 투자자를 끌어들이기가 용이해지며 외상거래도 수월해진다. 이것은 결국 소요자금을 줄일 수 있는 방책이 되는 것이다.

　한편, 사업계획서에는 사업의 개요, 사업의 주체, 사시(社是), 회사의 목표, 시장분석, 사업계획의 실시방안 등을 자세하게 명시해야 하며 수익을 올리는 계획도 포함되어 있어야 한다.

경영부실

효율적인 경영과 지도력 없이 성공한 기업은 없다. 그렇기 때문에 창업에 성공하는 사람은 많지만 사업을 계속 지탱하는 능력이 있는 사람은 별로 없는 것이다.

만약 자신의 능력이 부족하다면 그것을 보충해 줄 수 있는 사람을 고용하여 그 능력을 충분히 활용하는 사람이 현명한 사업가이다.

부실한 직원교육

경험이 풍부한 강사를 초빙하여 교육을 진행하고 교육에서는 실무적인 것에서 서비스, 기본적인 자세 등에 이르기까지 다양한 프로그램을 진행시켜야 한다.

특히 주문처리 부서는 인내심과 민첩한 사고능력을 길러주어야 하고 사업자 서비스 부서는 사업자와 관련된 여러 가지 문제, 고충, 문의 등 많은 문제점을 취급해야 한다.

그리고 직원들이 자기 의무와 책임을 빈틈없이 수행할 수 있도록 일정한 평가를 해야 한다. 즉, 부서마다 최소한도의 업무수행능력이 검증된 후에 직원이 스스로 직책을 맡아 처리하도록 해야 하는 것이다.

컴퓨터 시스템의 부실

네트워크 마케팅 사업에 있어서 컴퓨터 시스템은 각 부서의 업무를 하나로 묶고 사업전체를 이끌어가는 '핵'의 역할을 한다. 그렇기 때문에 훌륭한 컴퓨터 시스템을 마련해 놓은 회사가 업계를 리드하고 있는 것이다.

보상플랜의 미비

사업자가 매력을 느끼지 못하는 보상플랜은 그 밖의 다른 어떤 원인들보다 네트워크 마케팅 회사를 침체상태에 빠뜨린다. 따라서 보상플랜은 다음과 같은 조건을 충족시켜야 한다.

첫째, 사업자에게 적당한 보상률이 주어져야 한다.

대부분의 보상플랜은 사업자에게 30~50%를 지불하고 있다. 간혹 25% 정도를 지불하는 회사도 있지만, 그런 회사는 사업자를 리크루팅하고 유지하는 것이 힘들어진다.

둘째, 보상플랜은 단순해야 한다.

네트워크 마케팅 사업에 참가하는 사업자들은 대부분 평범한 사람들이라는 것을 잊어서는 안 된다. 따라서 보상플랜이 복잡하면 할수록 사람들의 관심을 끌지 못한다.

셋째, 보상플랜을 자주 바꾸지 않는다.

보상플랜은 판매에 있어서 매력 포인트이므로 자주 변경하거나 수정을 하면 성장속도에 문제가 발생하거나 사업자들의 열정이 식어버릴 수도 있다. 그리고 보상플랜을 수정하면 원래의 플랜이 좋지 않았다는 점을 시인하는 꼴이 되므로 신중을 기해야 한다.

넷째, 보상플랜의 효과를 과신하지 않는다.

보상플랜이 성공을 가져다주는 열쇠는 아니다. 왜냐하면 보상플랜은 사업의 한 부분이지 그 전부가 아니기 때문이다.

다섯째, 단계적으로 사업을 쌓아올린다.

거물을 끌어들여 순식간에 성장한 회사는 그만큼 그 거물의 영향력을 무시할 수 없으므로 순식간에 타격을 받을 수도 있다. 하지만 차근차근 단계를 밟아 올라온 회사는 어느 정도 성장한 후에 다소의 변동에도 견딜 수 있는 힘이 생긴다.

보상플랜에 대한 법적인 검토의 불충분

네트워크 마케팅 회사의 보상플랜이 사업자들을 만족시킨다고 해도 해당 국가나 시 · 도의 관련법에 저촉된다면 회사가 위태로워질 수 있다. 특히 다음을 조심해야 한다.

첫째, 리크루팅만으로도 수익이 발생한다면 피라미드를 의심해야 한다.

둘째, 과도한 판매할당량이 없어야 한다.

셋째, 100% 반품 및 환불제도가 있어야 한다.

넷째, 제품과 용역은 실제 시장가격으로 판매해야 한다.

다섯째, 수익에 대해 과장하거나 '어느 정도 수익을 올릴 수 있다'고 장담해서는 안 된다.

소비자 서비스의 부실

사람들은 서비스 받기를 좋아하고 최선의 서비스를 제공하는 회사에 충실하기 마련이다. 따라서 사업자들이 장기적으로 일하기를 원한다면 훌륭한 고객서비스를 제공해야 한다.

하지만 훌륭한 고객 서비스는 우연의 산물이 아니다. 주도면밀한 계획과 부지런히 노력한 결과로써 얻을 수 있는 것이다. 따라서 탁월한 서비스 효과를 거두기 위해서는 적어도 고객정보 데이터베이스, 추가 서비스 제도, 고객만족도 측정, 업무량 측정 등에서

만전을 기해야 한다.

현장을 외면하는 본사 직원

회사의 제품 마케팅을 하려면 현장에 뛰어들어 고객과 직접 부딪쳐야 한다. 현장참여를 대신할 만한 것은 없다. 사명감을 갖고 현장에서 뛰는 본사 직원이 많을수록 성공의 확률은 매우 높아진다. 만약 현장에서 뛰는 것이 여의치 않을 경우에는 비디오 테이프를 활용하도록 한다.

급속한 성장

빠른 속도로 성장하는 것이 무조건 좋은 것만은 아니다. 차라리 성장에 일시적으로 브레이크를 걸고 상황을 돌아보는 것이 마구 성장한다고 들떠 있는 것보다 낫다. 원래 사업이라고 하는 것은 침체의 늪에 빠진 것 못지 않게 성장가도를 달릴 때 상황 판단을 잘 해야 하는 것이다.

물론 네트워크 마케팅 사업은 엄청난 사업기회를 가져다주지만, 그렇다고 전혀 함정이 없는 것은 아니다. 그러나 최소한 위의 10가지만이라도 잘 따른다면 성공의 확률은 매우 높아질 것이다.

제3부
미래를 선도하는
뉴 패러다임

꿈을 실현하는 기본 모델

제 4물결을 리드하는 혁신적인 네트워크 마케팅 기업에서 확실하게 성공할 수 있는 유일한 방법이 있다. 그것은 판매나 설득도 필요없고 또한 누구나 할 수 있는 방법이다.

물론 개개인의 개성에 따라 독특한 사업요령이 있을 수도 있겠지만, 다음과 같은 기본 모델만 잊지 않는다면 당신은 미래에 당신이 원하던 곳에 가 있을 것이다.

회사 제품과 서비스를 사용하라

당신 회사에서 무엇을 만들든 그것을 당신이 사용할 수 있다면 적극적으로 사용하도록 하라. 그것이 제품이라면 제품이 떨어질 때까지 기다리지 말라. 자기 회사 제품을 모두 사용하는 것은 자기 사업에 가입하려는 사람에게 좋은 본보기가 된다. 그러한 행동이 언제 새로운 사업으로 이어질지 아무도 모르는 것이다.

친구가 사업자의 새로운 팔찌를 너무나 마음에 들어할 때, 만약 그 사업자가 자기 회사의 팔찌를 차고 있었다면 그는 새로운 고객을 하나 만들 수 있을 것이다.

목표로 하는 지위에 걸맞게 매달 적당한 제품을 구매하라

'사용하고 나누고 보여주기 위해' 구매를 하라. 그리고 회사 제품이나 서비스를 집에서 사용하도록 하라. 선물로 주고 또한 예상 고객이 사용할 수 있도록 하며 자신이 스폰서하는 사람들에게 제품을 보여줄 수 있을 만큼 충분한 제품을 보유하도록 하라.

5명의 다운라인을 찾아 자신과 똑같이 하도록 교육하라

자신의 다운라인에 5명 정도의 조직을 구축하여 자신과 똑같이 행동하도록 복제하라. 단지 그뿐이다. 그리고 다운라인도 당신처럼 다른 사람을 다운라인으로 둘 수 있도록 도와주고 교육시킨다.

일단 당신이 사업자로서 활동을 개시하면 당신의 스폰서는 가장 효과적으로 사업을 구축할 수 있는 요령을 알려줄 것이다. 뿐만 아니라 가장 최신의 테크닉도 알려줄 것이다. 그와 마찬가지로 당신도 당신의 다운라인에게 그러한 요령을 알려주어야 하는 것이다.

친구, 가족, 동료에게 자신의 새 사업에 대해 이야기하라.

이 사업은 가장 친하고 편한 사람들에게 자신이 사용하는 우수한 제품에 대해 그리고 훌륭한 사업에 대해 이야기하는 것으로부터 출발한다. 또한 이 사업은 사람과 사람과의 연계 속에서 사업이 확장되는 것이기 때문에 가급적이면 많은 사람들에게 알리는 것이 좋다.

아는 사람의 명단을 만든다.

30대나 40대 아니 그 이전이나 이후라도 수 백 명 정도의 사람은 알고 있을 것이다. 그들의 이름을 종이에 적도록 한다. 그렇다고 지금 당장 전화를 해야 하는 것은 아니다. 우선 알고 있는 모든 사람들의 리스트를 만들어라. 그리고 그 리스트를 자주 검토하고 자신의 제품이 리스트의 친구들에게 어떤 가치가 있을지 생각해 보라. 혹은 리스트에 있는 사람 중에 추가수입을 원하는 사람이 있을지도 모른다.

자신의 제안에 대해 관심을 가질만한 사람인지 아닌지 섣불리 판단하지 말라.

아무리 백만장자라 하더라도 적은 노력으로 혹은 스트레스를 적게 받으면서 수입을 올릴 수 있는 기회가 있다면 관심을 기울이게 된다. 네트워크 마케팅은 많은 장점을 지니고 있는 사업이다. 그러므로 전혀 부수입이 필요치 않을 것 같은 사람들도 많이 참여하고 있다.

선입견을 배제하라. 그리고 삶을 힘겹게 살아가는 사람들 또한 등한시하지 말라. 힘들게 살던 사람이 네트워크 마케팅으로 성공한 사례는 얼마든지 있다.

스폰서의 노하우를 충분히 활용하라.

초보자가 자기 사업을 성공시키는 가장 좋은 방법은 자기 스폰서에게 소개할 사람을 찾는 것이다. 새로운 사업에 대해 알고 있는 모든 사람에게 이야기하라. 그리고 제품이나 사업설명회에 대해 좀더 알고자 하는 사람은 자신의 스폰서와 이야기를 나눠보라고 권하라.

인쇄물을 유리하게 이용하라.

회사나 네트웍 망에서 제작한 카탈로그나 홍보자료를 충분히 이용하도록 하고 자신의 명함을 십분 활용하도록 한다.

대화를 시작할 수 있는 한 두 가지 방법을 연습하라

먼저 상대방에게 말을 걸 수만 있다면 사람들과 만나서 자연스럽게 사업에 대한 이야기를 할 수 있다. 예를 들면 영화 표를 사려고 줄 서서 기다릴 때, 앞사람과 잠시 날씨나 최근 사건에 대해 이야기를 나눌 수도 있는 것이다. 그리고 대화를 하다가 자연스럽게 소재가 끊기면 명함을 꺼내어 따뜻하게 미소를 지으며 간단하게 자신이 하고 있는 일을 소개할 수 있다.

그런 다음, 주제를 바꾸어 좀더 대화를 나눈다. 사업에 관한 이야기를 다시 거론할 필요는 없다. 상대방이 관심이 있거나 호기심이 동하면 의문점에 대해 물어올 것이다. 그리고 경험이 쌓이면 자기 사업에 대해 보다 직접적으로 이야기하는 것이 편하다는 것을 깨닫게 될 것이다.

오디오 테이프 및 비디오 테이프를 이용하라.

이러한 도구는 네트워크 마케팅에 대한 것을 보다 쉽고 빠르고 정확하게 알릴 수 있도록 도와준다. 따라서 네트워크 마케팅 사업자는·예상고객에게 회사와 제품, 서비스 그리고 사업기회를 보다 자연스럽고 편리하게 소개할 수 있는 것이다. 또한 멀리 있는 사람에게도 간편하게 사업을 소개할 수 있으며 테이프를 여러 사람들이 돌려가며 사용하도록 하여 그 파급효과를 높일 수도 있다.

강요하는 듯한 태도를 피하라

네트워크 마케팅은 쉽고 자연스럽게 사람들과 접촉하는데 그 성패가 달려 있다고 해도 과언이 아니다. 특히 오늘날의 소비자들은 풍부한 지식과 정보를 공유하고 있기 때문에 그 누구도 협박을 당하거나 강요받고 싶어하지 않는다.

그러므로 사람들에게 자신이 어떤 일을 하는지 정보를 주고 함께 사업을 하고 싶다는 점을 알리며 가벼운 대화로써 지속적인 연락을 취하는 것이 좋다. 그러면서 가치를 제공할 방법을 찾고 상대방의 능력을 존중하면서 소비자 스스로 올바른 결정을 내렸다는 느낌을 갖도록 유도해내야 한다.

성공의 단서를 복제하라

네트워크 마케팅에서 성공하기 위한 또 하나의 대안은 다른 사람들이 알고 있는 효과적인 노하우를 얼마만큼 자신의 것으로 만드느냐에 달려 있다. 그리고 그 효과적인 방법을 계속 반복하고 자신이 스폰서한 사람들에게도 반복하여 가르친다. 그것이 바로 자기 자신을 '복제' 하는 것이다.

복제는 말 그대로 원본과 비슷한 또 다른 것을 생산해내는 것을 의미한다. 그리고 네트워크 마케팅에서는 무엇보다 '시스템' 을 복제하게 된다. 그러므로 자신이 원하는 만큼의 성공을 이룩한 사람을 찾아 그대로 모방하도록 하라.

네트워크 마케팅은 각각 다른 목표와 개성 그리고 재능을 지닌 사람들의 결합에 의해 전개되며 인간적인 결합, 성공이 보장되는 검증된 행동을 배워나가는 과정 속에서 사업이 이루어진다. 그러므로 혼자서 모든 것을 처리하기 위해 애쓸 필요는 없다.

이미 크게 성공한 회사를 선택하고 또한 능력있는 업라인을 찾아 선택하면 되는 것이다. 이것이 바로 네트워크 마케팅의 엄청난 매력이다. 일반적인 비즈니스계에서 본다면 도저히 상상도 할 수 없는 일이 아닌가!

하지만 네트워크 마케팅에서는 얼마든지 그럴 수 있다. 스폰서를 통해 일을 시작한 후에는 '업라인'에게 가서 스폰서의 스폰서와 대화를 나눠보고 또한 그 스폰서의 스폰서 그리고 스폰서의 스폰서의 스폰서……. 즉, 자기가 편한 사람을 찾을 때까지 대화를 나눠볼 수 있는 것이다.

결국 네트워크 마케팅에서는 여러 사람의 리더를 만나 보고 자신의 개인지도자로 적합한 사람을 선택할 수 있다. 만약 자신이 찾고 있는 리더를 만나 그와 함께 일하기를 원한다면 그는 기꺼이 당신을 다운라인으로 받아들일 것이다.

성공자를 찾아라.

그들이 말하고 행동하는 모습과 습관, 태도를 배워라. 그리고 그들이 행하는 것을 행하라. 네트워크 마케팅에서 성공하는 지름길은 훌륭한 성공자를 찾아 나서는 것이다. 성공자와의 연결고리를 만들고 그들이 하는 대로 실행해 보고 그것이 효과가 있으면 복제하도록 하라.

성공한 사람들의 습관을 복제하는 것은 결코 자존심이 상하는 일이 아니며 속임수도 아니다. 그들이 수년에 걸쳐 터득한 노하우를 습득하는 것은 매우 현명한 방법이다.

네트워크 마케팅에서의 모든 노력은 그것이 쉽고 정확하게 복제될 수 있느냐에 따라 결과물이 달라진다. 저명한 성공 조련사 토니 로빈스가 가르치는 것처럼 성공에는 언제나 그 단서가 있기 마련이다. 그러므로 자신이 원하는 만큼의 성공을 이룩한 사람을 찾아서 그대로 모방하도록 하라.

성공자와 함께 하는 바로 그 순간부터 당신은 이미 입증된 성공 방법을 얻을 수 있을 것이다.

복제하는 법

리크루팅 과정과 성공적으로 복제 가능한 리크루팅 전략을 만들어내려면 많은 사항을 고려해야 한다. 모든 사업이 그렇듯 네트워크 마케팅도 어떤 시스템에 의존하게 되는데, 그 시스템은 사업의 성장을 위해 입증 가능하고 복제 가능하며 교육 가능해야 한다. 즉, 나로부터 출발하여 1단계 다운라인을 육성하고 그 다운라인이 자신의 다운라인을 육성하도록 하는 것이다.

단순히 후원만 하는 것으로는 충분치 않다. 중요한 것은 '복제'를 해야 한다는 것이다. 그러므로 당신이 다른 사람을 복제하고 그 사람이 또 다른 사람을 복제하도록 가르쳐야 한다.

가장 바람직한 회사의 시스템은 복제가 가능하고 또한 모든 사업자들에게 쉽고 간단하게 가르칠 수 있어야 한다. 그리고 이러한 시스템을 뒷받침하려면 적절한 교육과 도구, 철학이 있어야 한다.

1단계 : 예상고객 찾기

우선은 네트워크 마케팅의 개념에 대해 예상고객이 마음을 열도록 만들어야 한다. 그러므로 회사에 대해 모든 것을 전달하는 것이 아니라, 예상고객이 의문사항을 질문하도록 만들어야 한다. 그리고 네트워크 마케팅의 힘과 신뢰성을 객관적으로 전달해야 한다. 일단은 네트워크 마케팅에 대한 믿음이 생길 때까지 예상고객은 절대로 사업을 시작하지 않을 것이기 때문이다.

네트워크 마케팅의 장점을 전달하기 위해서는 신뢰할만한 연구 단체의 통계자료나 주요신문 기사, 잡지 내용 등의 정보를 충분히 활용하는 것이 좋다. 예를 들면 자영사업자나 재택사업의 증가, 직장의 불안정성, 해고문제, 네트워크 마케팅으로 성공한 사례 등의 자료가 있다.

일단 예상고객이 이 사업에 대한 가능성을 알게 되면, 훌륭한 설명을 통해 마음을 열게 된다. 만약 마음을 열지 않는다면 더 많은 자료가 요구된다는 것을 의미한다. 그리고 일단 자료 설명을 끝낸 후에는 제품을 설명하는 것도 좋다.

2단계 : 설명 도구

설명은 예상고객 스폰서링의 핵심부분이며 예상고객 물색 과정에서 가장 개인적인 부분이다. 그러므로 사업자는 책자와 훈련을 통해 설득력 있는 설명을 위해 중요한 요소를 배워야 한다. 설득력 있는 설명이란 개인적으로 가장 잘 알거나 설명할 수 있는 것을 말하며, 나름대로의 느낌과 감정이 포함되어야 하고 회사의 설명안 내 책자의 뒷받침을 받아야 한다.

그리고 다음과 같은 내용이 포함되어야 한다.

◇ 네트워크 마케팅 : 사업 가능성에 대해 재확인시킨다

◇ 회사 : 회사 연혁, 위치, 시설 및 최고 경영진에 대해 설명한다.

◇ 제품 : 제품연혁, 다양한 제품 구성 내용, 제품 제작에 동원된 기술, 제품 사용을 뒷받침하는 연구, 제품 이용에 대한 사례 등.

◇ 보상플랜 : 소매 판매와 구축한 사업별 보상플랜 대한 개요를 설명한다.

◇ 지원내용 : 지원하는 사업설명회, 교육프로그램, 소책자, 제품세트, 제품 샘플 등 사업구축에 이용할 수 있는 회사의 도구를 분명히 밝힌다.

◇ 사례발표 : 성공사례를 공유한다. 신규 사업자인 경우에는 소개자의 성공사례와 동료의 성공사례를 나눈다.

◇ 결정요구 : 예상고객에게 회사의 미래에 대한 결심을 하도록 요구한다.

3단계 : 등록 도구

회사에서 처음으로 제공하는 신입 사업자용 키트는 최소한의 규모로 내용과 모양이 멋지고 매력적이며 단순해야 한다. 그리고 적어도 다음의 내용을 담고 있어야 한다.

◇ 첫 단계의 실행방법

◇ 제품 카탈로그

◇ 보상플랜

◇ 회사 방침

◇ 제품 주문과 사업을 위해 필요한 서식과 문구 등.

실패의 이유는 오직 한 가지밖에 없다

세상 사람들이 언제나 당신에게 마음을 열어두고 있는 것은 아니다. 그러므로 당신은 언제나 마음의 준비를 해두고 미리 미리 계획을 세워야 한다. 당신에게 마음의 문을 열지 않는 상대는 가족일 수도 있고 가장 친한 친구 혹은 이웃집에 사는 사람일 수도 있다.

만약 당신이 네트워크 마케팅을 시작하게 된다면, 당신은 강한 열정으로 평소에 당신이 존경하던 사람이나 친했던 사람을 찾아갈 것이다. 하지만 사업설명을 절반도 하기 전에 그들은 당신을 보고 딱딱한 목소리로 "어? 이거 피라미드 같은데…"라고 말할지도 모른다.

그리고는 곧바로 마음의 문을 닫아버린다. 일단 마음의 문이 닫혀버린 뒤에는 무슨 말을 해도 소용이 없다.

이것은 누구에게나 일어나는 일이다. 어떤 사람들은 네트워크 마케팅 그 자체에 대해 결코 듣고 싶어하지 않는다. 물론 친분관계 때문에 어쩔 수 없이 한 두 번 도와주는 경우는 있지만…. 그리고 잘 알지 못하는 것에 대해서는 무조건 의혹의 눈초리를 보내는 사람들도 있다.

그들은 어쩌면 집요하게 물고 늘어지는 세일즈맨을 상대해 보았거나 피라미드나 다단계 판매를 통해 좋지 못한 경험을 한 사람을 알고 있는지도 모른다. 아니면 자기 자신이 나쁜 회사를 선택하여 고생했던 경험이 있을지도 모른다.

이럴 경우에도 결코 당황하지 말라. 그리고 그들을 다시 한 번 살펴 보라. 그들은 어쩌면 당신을 염려하는 마음에서 그런 눈길을 보내는 것인지도 모른다. 그런 사람들은 진실을 알고 나면 곧 그러한 의혹의 눈길을 거두게 된다.

하지만 그들이 그런 의혹의 눈길을 거두기 전까지는 자신을 믿거나 말거나 크게 개의치 않는 것이 좋다. 그들과 사업에 대한 열정을 공유해야 하는 것은 아니다. 당신이 성공하고 나면 그들은 당신을 인정하고 이해하게 된다.

올바른 회사를 선택하여 정해진 규칙대로 사업을 전개하는 네트워크 마케팅 사업자들은 존경과 진실성을 기반으로 하여 장기적인 사업관계를 구축하고자 한다. 그리고 가치있는 제품과 서비스를 제공하여 고객 및 동료들과 서로 도움을 주고받는다. 왜냐하면 자신이 성장하게 되면 자신의 사업기회를 다른 사람에게 훌륭한 사업기회로써 제시할 수 있기 때문이다.

그리고 그들은 고객을 선별할 줄 안다. 그리하여 회사, 제품, 사업의 기회에 대해 열린 마음으로 즐겁게 이야기하며 적절한 시기에 자신의 정보와 열정을 사람들에게 알린다. 또한 결코 누군가를 설득하려 하지 않으며 간혹 거절을 당하더라도 개인적인 거절로 받아들이지 않는다.

사람들이 '노'라고 말하는 것을 그대로 받아들여서는 안 된다. 그 날의 기분이 좋지 않을 수도 있고 어쩌면 시기가 적당치 않거나 강요받는다는 생각이 들어서 거절할 수도 있기 때문이다. 그러므로 '노'라고 하는 것은 반드시 거절의 의미가 아니라 '다음에'라는 의미일 수도 있음을 기억해야 한다.

그리고 무엇보다 중요한 것은 네트워크 마케팅에서 성공하기 위해서는 노력과 끈기라는 두 가지 자질을 갖춰야 한다는 사실이다.

네트워크 마케팅에서 사람들이 실패하는 오직 한 가지 이유는 너무 빨리 그만둔다는 것 때문이다. 즉, 성공이 당신을 피해 가는 것이 아니라, 당신이 성공을 피해 가는 것이다.

실제로 네트워크 마케팅을 시작하는 초기에는 일은 많으면서도 보상은 생각했던 것만큼 많지 않을 수도 있다. 하지만 사업이 성장함에 따라 점점 하는 일은 줄어들면서 수익은 높아지게 될 것이다.

그것이 바로 일반회사와 네트워크 마케팅 회사의 차이점이다. 네트워크 마케팅에서 당신은 시간을 미리 투자하고 나서 나중에 커다란 소득을 얻게 되는 것이다.

잃어버린 기회

사람들은 자신이 살아온 습관에 젖어 반복되는 일상생활의 관성에 쉽게 빠져든다. 그리하여 세상은 끊임없이 변화하는데도 불구하고 관성으로 인해 개인의 변화에 대한 욕구를 제한받는 악습에서 벗어나지 못하는 것이다.

관성은 어떠한 특징을 지니고 있는가?

그것은 멈춰 있는 것은 계속 멈춰 있고자 하고, 움직이는 물체는 계속 같은 방향으로 움직이려 하는 특징을 지니고 있다. 이와 마찬가지로 사람의 습관도 이러한 속성을 지니고 있는 것이다.

대부분의 사람들은 '내일은 더 나아지겠지' '내년에는 더 좋아질 거야' 라고 생각하면서도 '오늘의 기회는 다시 오지 않는다' 는 것에 대해 생각지 않는다.

그리고 시간이 흐르면 좀더 시야가 넓어지고 기회가 늘어날 것으로 생각하지만 실제로 그 시기에 이르러보면 시야가 좁아져 있거나 '기회를 잃어버렸다' 는 것을 깨닫게 된다.

그렇기 때문에 아쉬움의 감정 속에서 후회를 반복하며 좌절감이나 혹은 기만당했다는 느낌을 갖게 되는 것이다. 그것은 곧 '변화를 위한 변화' 로 이어질 수 있으며 더 많은 좌절감과 속았다는 느낌의 악순환을 낳게 된다.

우리가 내리는 모든 결정은 어떤 기회의 문을 열게 된다. 하지만 그 이면에서는 또 다른 기회를 차단하거나 제한하기도 한다. 즉, 현대는 복잡하고 상호의존적 사회의 특성으로 인해 점점 더 전문화, 기능화 되어 가고 있기 때문에 오늘의 기회가 내일의 똑같은 환경에 적용되지 않는 것이다.

결국 모든 변화의 물결이 기회의 문을 차단하는 세력으로 작용하고 있으며 가속화된 변화 역시 마찬가지 역할을 수행하고 있음을 알 수 있는 것이다. 왜냐하면 사람들이 변화에 적응하는데 소요되는 시간을 증가시키고 자신이 받아들이고 수용할 수 있는 자기계발 시간을 제한하는 경향이 있기 때문이다.

오늘의 기회를 받아들여라.

오늘의 기회를 성공으로 전환시켜라.

오늘 나에게 주어진 일을 성공의 기회로 전환하기 위해서는 일에 대한 기회를 최대한 활용하라.

성공의 지름길은 균형에 있다

위대한 저자 존 밀턴 포그는 "우리는 모른다는 것을 모르고 있다"고 하면서 "많은 사람들이 성공비결에 관한 책을 읽고 많은 것을 얻고 있긴 하지만, 그러한 정보만으로는 자신이 일하고 살아가는 방식에 심오한 변화를 가져오기에는 충분하지 않을 것"이라고 말했다.

어린 시절, 당신은 걷는 법과 자전거 타는 법을 어떻게 배웠는가?

아마도 어른들이 걷는 것을 보고 그대로 따라 했거나 누군가가 당신에게 걷는 법을 가르쳐주었을 것이다. 넘어지면 용기를 북돋워주고 손을 잡아주면서 말이다. 그리고 당신은 엄청난 시행착오 끝에 용감하게 발을 내디뎌 다리를 움직이고 걷게 되었을 것이다.

"드디어 자유롭게 된 것이다!"

처음 자전거를 배우게 되었을 때에도 누군가 당신을 자전거 위에 올려놓고 곁에서 넘어지지 않도록 도와주었을 것이다. 그리고 처음에는 흔들리고 겁도 났지만 결국 거리로 나서서 혼자의 힘으로 자전거를 타게 된 것이다.

물론 당신은 걷기와 자전거를 타기 전에 걷는 법이나 자전거를 타는 법에 대해 어느 정도 알고 있었을지도 모른다. 하지만 지식만으로는 충분하지 않다. 방법을 알고 있다고 해서 실천에 옮겼을 때, 그대로 실행되는 것은 아니다. 사실, 자신이 알고 있던 지식이나 정보는 실제로 그다지 소용이 없는 것이다.

걷는 것과 자전거 타기는 모두 균형의 문제다.

그리고 균형은 물건처럼 소유할 수 있는 것이 아니며 당신이 행동하는 것도 아니다. 균형은 어떤 존재의 상태를 말한다. 당신은 걷거나 자전거를 타고자 하는 목표에 도달하기 위해 넘어지기도 하고 혹은 상처를 입기도 한다. 하지만 일단 균형을 잡게 되면 당신은 보다 쉽게 목표에 도달할 수 있다. 즉, 당신은 성공요령을 터득하게 된 것이다.

이것이 바로 성공의 열쇠인 균형이다!

그것은 아무도 빼앗아갈 수가 없다. 그것은 잃거나 도둑맞을 수 있는 것이 아니기 때문이다.

네트워크 마케팅은 하루아침에 부자가 되려는 사람들을 위한 사업이 아니다. 이것은 자신의 꿈을 실현시킬 수 있다고 믿는 사람들의 것이다. 그들은 자신의 부족한 면을 향상시키기 위해 어느 세미나에 참석해야 할지 어떤 책을 읽어야 할지 어떤 테이프를 들어야 할지 알고 있으며 또한 집중할 자세를 갖추고 있다. 바로 이러한 네트워크 마케팅 사업자만이 성공자 명단에 오를 수 있는 것이다.

지금부터 3개월 뒤, 6개월 뒤 혹은 10년 뒤에 위대해질 수 있다는 것에 집중하자.

거절당하는 것이나 실패를 두려워하지 말고 오직 네트워크 마케팅 사업을 충실히 수행하지 못할 것을 두려워하라!

균형과 집중은 당신을 최고의 자리로 안내할 것이다.

당신이 집중해야 할 일을 명확하게 기록하라.

그리고 그 일들을 결코 놓치지 말라.

그러면 당신은 원하는 모든 것을 가질 수 있을 것이다.

당신이 이루고자 하는 것에 항상 집중하고 균형을 맞춰라!

사업 설명의 8단계 모델

네트워크 마케팅 사업을 통해 스스로 새로운 삶을 만들어낸 사람들은 무수히 많다. 그들은 자신이 선택한 일에 대해 만족해하며 열심히 활동했고 인내함으로써 꿈을 실현했던 것이다.

네트워크 마케팅 시스템은 고도의 세련미를 갖춘 사람들이 새롭게 자신의 시스템을 만들며 복제하는 진일보된 사업이다. 그리고 이것은 개인의 성장이나 잠재력을 실현해 줄 수도 있으며 경제적 안정은 물론이고 인생을 즐길 수 있는 시간과 자유를 가져다주기도 한다.

그러면 그러한 시스템을 보다 효율적으로 전개하기 위해 사업 설명의 8단계 모델을 살펴보기로 하자.

자신의 신상이야기를 곁들인 배경을 설명한다

당신의 배경과 환경을 설명하라. 네트워크 마케팅의 사업기회를 찾아내기 전의 상황을 구체적으로 이야기하라. 예를 들면 직장생활에서 느꼈던 고충이나 어려움, 경제적인 불안정, 직업을 바꾸면서 겪었던 두려움, 네트워크 마케팅을 시작할 당시 주위사람들로부터 받았던 멸시와 충고 등에 대해서이다.

그리고 스스로에 대한 확신이 부족하여 다른 사람들에게 말을 건네는 것을 얼마나 두려워했는가를 이야기하라.

당신은 결국 네트워크 마케팅을 통해 당신의 욕구를 충족할 수 있다는 것을 발견하고 이 사업에 참가한 것이다. 그러므로 당신의 목표, 당신이 성취한 것, 목표를 위해 하고 있는 활동 등에 대해 이야기하라.

만약 당신이 아직도 당신의 목표를 성취하는 과정에 있다면 업라인이나 다른 누군가의 성공적인 이야기, 회사의 이야기로 종결짓는 것이 좋다.

제품의 우수성과 회사에 대한 신뢰를 말한다

당신이 참여하고 있는 회사가 업계에서 가장 강력한 신뢰와 제품력을 가졌다는 것을 설명하라. 그리고 그 회사를 선택한 개인적 이유도 설명하라.

당신의 회사는 사명감이 있는 모든 사람에게 최고의 사업기회를 제공하며 그 기회를 통하여 성공을 향해 함께 나아가는 사업이고, 회사는 개개인에게 판매의 전권을 위임한 만큼 이 사업의 성공가능성은 오직 자신의 노력에 달려 있다는 것을 이야기하라.

사업자를 적극 지원해주는 회사의 유능한 관리팀은 최고의 제품력으로 사업자들이 두터운 소비자층을 만들 수 있도록 최선을 다할 것이다.

네트워크 마케팅은 유통의 새로운 패러다임이다

대부분의 사람들은 일반적인 회사가 제공하는 플랜에 완전히 지처 있다. 상사의 눈치보기, 불합리한 할당량, 다른 누군가를 부자로 만들어주기 위해 자신의 모든 정력을 쏟아 부어야 하는 것에 회의를 느끼고 있는 것이다. 게다가 늘 해직의 공포를 느끼고 있다.

이런 기류에 정면으로 도전하는 새로운 패러다임 즉, 네트워크 마케팅은 국내는 물론이고 세계의 시장을 거미줄처럼 엮어가고 있질 않은가!

타이밍을 놓치지 말라!
네트워크 마케팅 사업은 타이밍이 매우 중요하다.

경제적 자립과 자유로운 시간

사람들이 네트워크 마케팅 사업에 관심을 갖게 되는 가장 중요한 이유 중의 하나는 경제적으로 자립이 가능한데다가 시간을 자유롭게 활용할 수 있기 때문이다.

성공자들이 누리는 경제적 자립과 자유로운 시간에 대해 말하라. 그리고 성공자들을 복제하기만 하면 기회는 얼마든지 있다는 것을 설명하라.

가장 효과적인 것은 잘 아는 사람들의 구체적인 성공담이다. 하지만 그와 더불어 그들이 일반적인 회사에서 겪었던 어려움에 대해서도 이야기해야 한다. 그리고 네트워크 마케팅에서 모든 사람들이 성공하는 것은 아니라는 점을 밝히도록 하라.

시청각자료를 활용하라

사업기회, 회사, 제품과 판매 보상플랜 그 밖에 다른 적절한 정보를 설명해주는 시청각자료를 충분히 활용하라. 특히 비디오 테이프를 이용하면 사업설명을 명확하고 편리하게 할 수 있을 뿐만 아니라 복제를 하는 것도 쉽게 이루어진다.

모든 사람들이 능수능란하게 사업설명을 할 수 있는 것은 아니다. 그러므로 업라인 사업자들로부터 사업설명 보조도구의 지원을 받는 것이 좋다. 어떤 경우에는 회사가 만든 자료보다 업라인 사업자들이 만든 보조도구가 더 효과적일 수도 있다.

만약 당신이 신규사업자와 함께 다른 사업설명회에 참가할 기회가 있다면, 그 내용을 훤히 꿰뚫고 있더라도 끝날 때까지 그곳에 함께 남아 있어야 한다. 그렇게 해야만 신규사업자가 사업설명회에 정신을 집중할 수 있기 때문이다.

판매와 보상플랜을 설명한다

네트워크 마케팅에서의 판매는 일반적인 판매와 다르다는 것을 이미 앞에서 설명한 바 있다. 그리고 보상플랜은 최종 소비자에게 제품을 판매하기 위해 열심히 활동한 대가를 회사로부터 받는 것을 말한다.

네트워크 마케팅에서는 두 가지 종류의 소득 즉, 소매수익과 보너스수익이 있는데 일반적으로 다음과 같은 네 가지 방법으로 수익이 발생한다.

① 제품을 소매한다 ⇒ 구입한 도매가격과 소매 판매액의 차액을 현금으로 벌게 되며 보통 제품가격의 30%에 해당한다.

② 다른 사람들을 후원한다 ⇒ 당신이 다른 사람을 네트워크 마케팅 사업에 참여시키고 교육시킨 후, 당신과 신규참여자가

제품을 이동시키면 회사는 그 활동상황에 따라 매달 제품 주문액 수의 일정 퍼센트를 현금보너스로 지불한다.

③ 사업의 리더가 되게 한다 ⇒ 당신의 다운라인에게 사업의 리더가 되기 위해서는 무엇이 필요한가를 설명해준다. 그리고 직접 후원한 사람 혹은 그들이 후원한 사람 또한 그 밑에서 같은 방식으로 후원한 사람들이 매달 판매한 제품에 대해 얼마나 보수를 받을 수 있는지 알려준다.

④ 다운라인의 사업리더 육성을 도와준다 ⇒ 당신이 육성한 사업리더가 또 다시 사업리더를 육성하는 것을 도와준다면 당신은 네트워크 마케팅 플랜의 정상을 향해 문을 두드리는 것이 된다.

보너스는 다양한 사업자 레벨에 따라 다르다. 그리고 어떤 여분의 보너스제도가 있다면 더욱더 달라지게 된다. 어찌되었든 당신이 폭(width)으로 사업자를 복제하고, 깊이(depth)로 그들이 사업자를 복제하는 것을 도와주면 당신의 보너스는 더욱더 커지게 되고 그러한 보너스를 즐길 수 있는 자유로운 시간을 얻게 될 것이다.

하지만 네트워크 마케팅 사업은 일확천금을 버는 책략이 아니다. 성공하기 위해서는 오랜 시간에 걸쳐 고된 노력과 인내가 필요한 것이다.

후원을 통해 입증된 시스템을 강조한다

누군가가 당신의 사업설명에 대해 강한 의문을 품게 되면, 네트워크 마케팅 사업에 참여하지 않을지도 모른다는 가능성을 염두에 두고 사업에 관련된 모든 문제를 알기 쉽게 언급하라. 그리고 설명회가 토론의 장으로 변질되지 않도록 주의하라.

또한 부정적인 질문을 받았을 경우에는 명쾌하고 단순한 논리로 명확하게 대답하라. 결코 꾸물댈 이유가 없다. 당신의 주저하는 모습으로 인해 다른 사람들이 부정적인 영향을 받을 수도 있기 때문이다.

확고한 의지를 가지고 사람들이 설명회장을 떠났을 때, 그들이 들었던 사업내용이 올바른 정보라고 확신할 수 있도록 열정을 기울여야 한다.

끝이 곧 시작임을 강조한다

네트워크 마케팅을 전개하는 모든 회사들이 올바르고 정당하게 사업을 펼치는 것은 아니다. 어떤 회사들은 성실성, 공정한 마케팅 플랜, 좋은 제품이 없음에도 불구하고 마치 그것을 지니고 있는 것처럼 과대포장하여 소개하는 경우도 있다.

하지만 대다수의 네트워크 마케팅 회사는 강력한 제품력과 그에 상응하는 보상플랜으로 최고의 서비스를 제공하고 있다. 만약 네트워크 마케팅 회사가 다음과 같은 이점을 제공한다는 것을 이해하고도 외부의 이미지에 좌우된다면 굴러 들어오는 황금덩어리를 놓치는 결과가 될 것이다.

① 최고의 제품을 할인가로 구입할 수 있고 최고의 서비스를 받을 수 있으며 판매차익을 저축할 수 있는 기회가 있다.

② 여행이나 세제상의 혜택을 얻을 수 있다.

③ 노력에 따라 무한한 가능성과 계속되는 소득이 제공된다.

이 세상에는 두 가지 종류의 사람들이 있다. 하나는 '할 수 있다'고 생각하는 사람들이고, 나머지 하나는 '할 수 없다'고 생각하는 사람들이다. 물론 이들 두 종류의 사람들 모두 옳다. 그리고 그 선택은 당신에게 달려 있다.

목적없는 사람은 방향타 없는 배와 같다

당신이 현재 하고 있는 일은 당신이 과거에 세운 목적과 가치에서 나온 결과물이다. 그리고 당신의 현재 모습 또한 그 결과이다.

사람은 스스로의 가치를 인정할 때라야 비로소 행동으로 옮기게 된다. 즉, 가치는 필요와 욕구의 근원지인 것이다. 따라서 가치라는 씨앗에서 자라나는 것이 바로 목적이라고 할 수 있다.

하지만 사람들은 보통 '성공하는데 필요한 것은 과연 무엇일까?'라는 것을 고민할 때조차 자신의 가치나 타인의 가치에 대해 그다지 생각하지 않는다.

네트워크 마케팅 사업을 처음 시작하는 사람들은 대부분 몇 가지 편견을 지니고 있다. 그 중의 하나가 이미 네트워크 마케팅을 전개하고 있는 사업자들이 돈 때문에 혹은 시간관리가 자유로운 자영사업이기 때문에 이 사업을 하는 것으로 알고 있는 것이다.

하지만 네트워크 마케팅 사업을 지속하는 사업자들은 뭔가 중요한 것, 뭔가 재미있는 일을 하기 위해 계속 사업을 펼치고 있는 것이다. 즉, 소속감 때문에 일을 하는 것이다.

현재 당신이 추구하는 가치는 무엇인가?

인생을 통해 당신이 가장 숭배하고 또한 표현하고 싶은 가치는 무엇인가?

당신이 어떠한 가치를 추구하든 중요한 것은 '가치'는 항상 변한다는 사실을 인정해야 한다는 점이다. 오늘 중요하다고 생각하는 가치로운 것 5가지를 리스트로 만들었다고 해서 내일 새롭게 가치로운 것이 생기지 않는 것은 아니다. 그리고 이전의 가치가 언제나 바뀌지 않는 것도 아니다.

오히려 늘 똑같은 삶, 똑같은 행동 유형만 반복한다면 진정한 가치의 추구라고 할 수 없을 것이다.

더 높은 목표를 설정하고 변화를 추구하라.

인생의 목적에 대해 한 번 생각해 보자.

목적이 있는 사람과 없는 사람은 인생을 대하는 태도 자체가 다르다. 그리고 이것은 성공과 실패의 문제이기도 하다.

토마스 카알라일은 "목적없는 사람은 방향타 없는 배와 같다"고 하였다. 목적은 목표처럼 완성되거나 끝날 수 있는 것이 아니다. 목적은 자신이 경험하고 표현하는 '가치'와 조화로운 인생을 살아감으로써 성취하는 것이다.

목적은 비전이다.

목적은 열정을 불러일으킨다.

목적을 연필로 적어라. 그리고 새로운 목적이 생겼을 경우에는 언제든지 지우개로 지우고 새로 써라. 지금 당장 목적이 무엇인지 초안을 잡아 보라.

일단 인생의 목적을 세우고 나면 다음 단계의 성공비결은 매우 쉬워진다.

'도전'을 만들고 그것을 즐겨라

'도전'이라는 운동기구로 '성공'이라는 몸을 단련하라.

'열정적인 삶'은 하나의 도전이다. 어떤 사람들은 도전을 귀찮게 여기며 피하려 한다. 하지만 도전은 자기 자신을 강하게 해준다.

도전은 숨겨진 비밀을 간직하고 있다. 일단 이 비밀을 알게 되면 삶과 일 속에서 만나는 모든 도전은 즐거움으로 바뀐다.

도전(challenge)이라는 단어는 '부당하게 비난하다'라는 어원에서 나온 것으로 있는 그대로의 진실이 아니라, 인위적으로 만들어진 것임을 뜻한다. 즉, 필요나 욕구 또는 목적을 충족시키기 위해 사람들이 도전을 만들어내는 것이다.

그러므로 당신이 선택한 도전은 당신의 인생에 힘을 줄 수 있어야 한다. 그리고 그 도전은 당신의 성공과 열정적인 삶에 도움이 되어야 한다.

만약 그렇지 않다면 도전의 내용을 바꿔 보라.

당신의 인생에 용기와 힘을 북돋워주는 도전을 찾기 위해 매일 큰소리로 이렇게 외쳐 보라.

"나는 멋진 도전을 찾아내는 전문가이다. 나는 도전광이다!"

도전은 창조적 정신과 감정적 근육을 단련시켜 강한 인간을 만들어준다.

도전은 직관과 상상력을 높여준다.

도전은 열망을 나타내준다.

도전은 긍정적인 믿음을 더욱더 강하게 해준다.

도전은 필요없는 공포를 없애주며 태도를 더욱더 분명히 해준다.

도전은 마치 운동기구와 같다.

당신은 혹시 현재의 위치에 대해 불만을 가져본 적이 있는가?

열심히 했던 일의 결과가 좋지 못해 실망한 적이 있는가?

만약 그런 일이 있었다면 지금보다 더 노력하고 더 성취하여 성공에 이를 수 있을 것이라고 생각하지는 않았는가?

누구든 자신의 인생이나 일에서 질적으로 조금씩 발전해 나갈 수 있다. 하지만 열정적으로 노력한다면 현 단계를 완전하게 뛰어넘어 비약적으로 발전할 수도 있다.

그것이 바로 열정적인 삶이 지닌 가능성이다. 또한 당신의 가능성이기도 하다.

당신 스스로 도전을 만들어 내고 도전을 즐겨 보라.

믿음은 가능성에 대한 확신이다

어떤 일이 틀림없이 이루어진다고 강하게 확신할수록 그 사람의 믿음은 더욱더 강해진다. 반대로 의심을 할수록 믿음이 약화되거나 완전히 없어져버릴 수 있다.

믿음은 흰색 페인트와 같고 의심은 검은색 페인트와 같다.

흰색과 검은색을 섞어 회색을 만들어본 적이 있는가?

검은색을 밝은 회색으로 만들려면 엄청난 양의 흰색이 필요하지만, 흰색은 검은색을 한 번 갖다 대기만 해도 금방 회색이 되어 버린다. 의심의 파괴력은 그렇게 강한 것이다.

육상선수들 사이에서는 무려 100년이 넘는 세월 동안 1,600m를 4분내에 돌파하는 것이 꿈같은 일로만 여겨져 왔었다. 그리고 1950년대 초까지만 해도 수많은 사람들이 그것을 불가능하다고 여겼고 당시 의학계와 스포츠계에서는 인간의 육체적 한계 때문에 그 기록을 도저히 깰 수 없을 것이라는 결론을 내리고 있었다.

그런데 1954년 5월 6일, 영국의 옥스퍼드에서 마침내 그 기록이 깨지게 되었다. 로저 베니스터라는 젊은 의대생이 1,600m 달리기에서 3분 59.4초라는 신기록을 세운 것이다.

그것은 기록을 갱신할 수 있다는 확신에서 비롯된 것으로 믿음의 가능성을 잘 보여주고 있는 사례이다.

믿음은 행동을 형성한다. 그리고 행동은 결과로 이어져 인생의 구체적인 모습을 만들어낸다. 바로 이러한 결과들이 일생동안 모여 운명이 되는 것이다. 결국 믿음은 운명이 잉태되는 창조적 근원지이자 궁극적으로는 인생의 최종 결과인 셈이다.

행동으로 옮겨라!

그리고 행동으로 옮기기에 앞서 부정적인 사고를 긍정적인 것으로 바꿔라. 가능하면 긍정적으로 표현하고 말하라. 긍정적으로 이야기하고 생각하는 것은 곧바로 잠재의식 속으로 들어가기 때문에 스스로 느끼고 생각하는 방식에 대한 프로그램을 재입력시켜 준다.

예를 들면, "나는 왜 담배를 끊지 못할까?"하고 자책하지 말라. 대신, "담배를 끊으려면 어떻게 해야 할까?"하고 긍정적인 질문으로 바꿔라. "직장을 잃게 되면 어떻게 하나?"라는 걱정은 "내가 원하는 안정적인 직장을 얻기 위해서는 어떤 대안이 있을까?"라는 창조적인 고민으로 바꿔 보라.

당신이 긍정적인 말이나 사고를 하게 되면 저울의 균형은 당신에게 유리한 쪽으로 기울게 된다. 그러므로 당신은 늘 스스로에 대한 새로운 믿음, 힘이 되는 믿음을 만들어내야 한다. 그렇게 하면 당신을 제한하는 믿음을 긍정적이고 강력한 것으로 바꿀 수 있다.

사업방식을 업그레이드하라

사업방식을 결정짓는 것은 사업자 자신의 가치와 이해이다. 왜냐하면 네트워크 마케팅은 '다른 사람들과 제품 또는 정보를 공유함으로써 구전광고를 통해 이루어지는 사업'이기 때문이다.

혼히 네트워크 마케팅의 사업자들은 스폰서에 의해 복제가 이루어지기 때문에 사람에 따라 사업형식이 다양한 방식으로 전개된다. 그러므로 모두가 올바른 사업개념을 이해하고 사업을 전개하는 것이 아니라, 회사가 기본적으로 제공하는 교육과 자신의 경험을 기반으로 하여 사업을 전개하고 복제교육을 통해 조직화해 나간다.

하지만 상위 리더가 잘못된 사업습관을 가지고 있다면 그 조직은 리더의 성향에 따라 피라미드 사업체처럼 오류를 범할 수밖에 없다. 그러므로 문제를 해결할 수 있는 중요한 기본적 개념 3가지를 정리할 필요가 있다.

◇ 네트워크 마케팅이란 무엇인가?
◇ 왜 네트워크 마케팅을 '가장 위대한 기회'라고 하는가?
◇ 네트워크 마케팅이 지향하는 바는 무엇인가?

'네트워크 마케팅이란 무엇인가?'라는 문제는 사업의 틀을 갖춰 가는 사업자 본인이 생각하고 있는 방식일 수밖에 없다. 사업자 자신이 네트워크 마케팅을 '순수한 판매사업'이라고 생각한다면 그는 판매를 많이 하려고 노력할 것이다. 또한 네트워크 마케팅을 일확천금을 잡을 수 있는 게임이라고 생각하는 사람들은 이러한 게임을 즐길 것이다.

왜냐하면 사업자가 생각하고 있는 사업 가치가 사업자의 습관을 지배하고 또한 사업자의 행동을 결정하기 때문이다. 결국 사업자의 가치와 이해가 바로 사업방식을 결정짓게 만드는 것이다.

"왜 네트워크 마케팅을 두고 가장 위대한 기회라고 하는 것일까?"

네트워크 마케팅이 처음 등장했을 때, 사람들은 그 사업을 다른 사업과 다르게 평가하였다. 특히 잉여시간을 활용하여 돈을 벌 수 있다는 점이 가장 큰 매력으로 다가왔던 것이다.

또 다른 측면에서의 '위대한 기회'를 말하자면 '오늘 일을 그만 두더라도 생존할 수 있는 방법'이라는 점이다. 네트워크 마케팅은 당장 일을 그만둔다고 하더라도 경제적으로 계속하여 지원받을 수 있는 시스템이다.

물론 이런 일이 가능하려면 여러 가지 조건이 필요하다. 무엇보다 중요한 것은 올바른 회사를 선택하는 일이다. 만약 당신이 선택한 회사가 세계적인 사업으로 커간다면 그것은 가장 위대한 기회가 될 수 있다. 왜냐하면 사업자들이 사업의 영역을 세계화할 수 있기 때문이다. 그리고 이 사업은 재정적 부담없이 시작할 수 있기 때문에 많은 사람들이 손쉽게 참여할 수 있는 사업기회라고 할 수 있다.

그렇다면 네트워크 마케팅 업계는 어디로 나아갈 것인가?

네트워크 마케팅은 구전광고를 통해 넓혀지기 때문에 본인이 좋아하거나 개인적으로 사용하는 제품에 대해 친구나 아는 사람에게 이야기할 소재가 없으면 사업의 확장이 어려워진다. 그리고 당신이 친척, 친구, 동료 그 밖에 아는 사람들에게 네트워크 마케팅을 소개하지 않는다면 다른 누군가가 그들에게 소개할 것이다.

게다가 네트워크 마케팅은 이미 인터넷을 만나면서 엄청난 변화의 패러다임을 불러오고 있다. 만약 최고의 리더라고 하는 네트워크 마케팅 사업자들이 이러한 변화를 수용하고 거기에 적응하지 못한다면 아마도 이들은 과거의 공룡과 같은 최후를 맞이하게 될지도 모른다.

디지털 시대의 패러다임을 부추기는 요인은 두 가지가 있다.

하나는 인터네트워킹 시대의 사업수단으로 이것은 지금까지 해왔던 사업방식과는 전혀 다른 하이테크 기술이다. 나머지 하나는 이 산업에 참여하는 사람들의 인적사항이 고도화, 전문화되고 있다는 점이다.

따라서 네트워크 마케팅 사업자들이 새로운 기술을 습득하고 접근방식 뿐만 아니라 자신의 시스템을 업그레이드 시키지 않는 한, 언제나 남의 뒤만 따라가는 2류 인생이 되어 버리고 말 것이다.

10년 전의 나와 현재의 내가 다르듯 미래는 인터네트워킹 시대를 맞아 역동적이고 활기가 넘치는 변화를 겪게 될 것이며 그 변화 속에는 커다란 기회가 기다리고 있다.

당신이 만약 네트워크 마케팅 사업에 참가하였다면 자신감과 열정을 지니고 미개척 분야에 21세기를 이끌어갈 비전과 희망의 등대를 세우고 온누리를 환하게 밝히도록 하라. 그리고 동원 가능한 모든 수단을 사업에 이용하라.

하지만 아직 네트워크 마케팅 사업에 참여하지 않았다면 자신의 사고의 틀에서 뛰쳐나와 뭔가 다른 일을 시도해 보라.

어찌 알겠는가! 이것이 자신의 꿈을 되돌려 받을 수 있는 절호의 기회가 될지.

네트워크 마케팅 사업자의 참모습

이제는 네트워크 마케팅이 복제사업이라는 것을 모르는 사람은 없다. 이것은 곧 스폰서의 언행은 다운라인이 따라 해야 할 교과서라는 것을 의미한다. 하지만 문제는 부작용의 사례가 적지 않다는데 있다.

첫째, 다운라인들에게 과도한 지출을 유도한다. 물론 꿈의 성취를 위해 어느 정도의 투자는 불가피하다. 그러나 사업자들이 네트워크 마케팅을 선택하게 된 이유는 돈을 쓰기 위해서가 아니라 벌기 위해서임을 잊어서는 안 된다.

둘째, 과도한 시간낭비를 유도한다. 어느 그룹에서는 한 달에 20일까지 교육 일정을 잡아 들어오는 수입에 비해 너무 많이 시간을 낭비하게 한다고 한다. 게다가 성공하고 싶으면 스폰서가 행하는 교육이나 모임에 무조건 참석하고 무조건 공부하라는 식의 원칙을 내세운다고 한다.

셋째, 교육 그 자체를 돈벌이 수단으로 생각한다. 이러한 리더는 '당신의 성공을 위해 내가 힘들여 교육시킨다' 라고 주장하며 가면을 쓰고 있는 셈이다.

네트워크 마케팅의 건전성을 지키기 위해서는 사업자들의 가정

생활이나 윤리적·도덕적 측면에서 침해를 받아서는 안 된다. 그리고 네트워크 마케팅 업계가 보다 투명하게 활성화되기 위해서는 자신을 스폰서해 주는 상위 리더라 할지라도 문제가 있을 때는 과감히 수술의 메스를 드는 용기가 필요하다. 그리고 네트워크 마케팅의 원리를 제대로 이해하고 비즈니스를 사랑하는 사업자라면 네트워크 마케팅에서 자신이 지켜야 할 일이 무엇인지 잘 알고 있을 것이다.

신체를 적절하게 활용한다.

몸이 건강해야 일도 잘 할 수 있는 법이다. 특히 네트워크 마케팅 사업에서 건강은 매우 중요하다. 만약 육체가 너무 지쳐버려 미팅이나 교육에 참석할 수 없다면 혹은 너무 힘이 빠져서 약속한 전화를 받을 수 없다면 큰 조직으로 성장해 나갈 수가 없다.

또한 만약 감기 때문에 혹은 두통으로 예상고객을 만나지 못하고 전화도 할 수 없으며 행사에 참석할 수 없다면 사업에서의 성공은 기대하기가 어렵다.

물론 여기서 말하는 건강은 심신의 건강 모두를 말한다.

만약 정신적으로나 감정적으로 건강하지 못해 화를 잘 내며 사람들과 잘 사귀지도 못하고 위험을 감수하거나 미지에 대한 모험정신이 없다면 네트워크 마케팅 사업에서 결코 성공할 수 없다. 또한 욕심이 많아서 너무 많은 것을 탐하거나 아니면 이기적이거나 자아가 지나치거나 성실성이 없다면 네트워크 마케팅 업계에서 리더가 될 수 없다.

그러므로 정신적인 면, 감성적인 면, 영적인 면에 있어서 건강상태를 잘 보살펴야 한다.

올바르게 말하고 잘 들어야 한다.

네트워크 마케팅에서 무엇보다 중요한 것은 파트너십이고 그것이 수십, 수백, 수천 개가 모이면 그룹이 형성된다. 그리고 그렇게 하기 위해서는 지도력이 요구되며 그것은 말하기와 듣기를 통해 이루어진다. 그러므로 우선 듣기를 학습하도록 하라. 듣는 것은 말하는 것보다 더 힘든 부분이다.

남의 말을 경청하라

마음을 열고 대화를 나누는 것은 어느 조직에서나 중요한 일이지만 특히 네트워크 마케팅 회사에서는 그것이 결정적인 역할을 수행한다.

특히 경청한다는 것은 상대방의 요구에 따른다는 의미를 갖고 있지만 많은 사람들로 하여금 자신의 말을 경청하게 한다는 것은 거의 불가능한 일이다. 그리고 때로는 다른 사람의 말을 경청하는 것만으로 부족한 경우가 있다.

진정한 경청이란 다른 사람의 동기와 감정을 연관시켜 주제와 대화자들간의 상관관계를 파악하는 과정을 말한다. 즉, 진정한 경청이란 감정이입이다. 따라서 당신이 감정을 이입해 듣고 다른 사람의 마음을 알아차린다면 인간관계는 완전히 달라질 것이다.

당신이 깊은 관심을 갖고 경청하며 다른 사람의 관점을 이해하면 다른 사람들에게 자극을 줄 수 있다. 물론 경청 그 자체가 어떤 아이디어를 제공하는 것은 아니지만 절대로 해가 되지는 않는다.

경청은 신뢰를 쌓게 해주고 다른 사람과의 관계를 강화시켜 주는 것이다.

다른 사람의 이야기를 듣지 못하는 이유

어떤 연구에 따르면 사람들은 주어진 시간 중에서 25%만을 듣는데 할애하고 나머지는 생각을 하거나 말을 하는데 써버린다고 한다. 이것은 현대를 살아가는 사람들의 보편적인 습관이며 네트워크 마케팅 업계에서도 마찬가지이다.

그러나 이야기를 듣지 않는 사람은 마땅히 알아야 할 것을 알지 못하게 되며 사람들과 깊이 있는 관계를 맺기가 힘들고 성공은 멀어진다.

왜 사람들은 듣지 않으려 할까?

첫째, 비교를 한다.

비교는 곧 경쟁을 의미한다. 하지만 자신의 고객, 친구, 가족과 경쟁하고 싶지는 않을 것이므로 이야기를 하는 사람에 대한 판단이나 평가를 하지 말고 무조건 이야기에 집중해야 한다.

둘째, 진행중인 대화를 참지 못한다.

상대방이 말하는 중간에 끼어 드는 것은 '당신의 이야기에 관심이 없소'라고 말하는 것과 같은 것이다. 가능하면 상대방의 이야기가 확실히 끝날 때까지 듣도록 하며 더 이상 참을 수 없다면 상대방의 양해를 구하는 것이 좋다.

셋째, 상대방이 이야기를 하는 도중에 생각에 빠져든다.

열심히 말하는 사람을 앞에 두고 생각에 빠져버리면 결국 상대방이 무슨 말을 했는지 알아듣지 못하게 된다. 그러면 상대방은 무시당한다는 느낌을 갖게 된다. 상대방의 이야기에 대해 생각하고 싶은 경우에는 잠시 생각할 여유를 달라고 양해를 구하는 것이 좋다.

넷째, 상대방의 말을 인정하지 않는다.

상대방의 말에 반대하고 논쟁을 벌이며 무시하고 믿지 못하는 사람은 가장 빨리 적을 만들게 된다. 만약 상대방이 옳지 않다는 생각이 들면, 일단 긍정을 하고 자신의 의견을 말하도록 하라.

다섯째, 상대의 이야기를 자신의 입장에서 해석을 한다.

상대방의 이야기를 들으면서 개인적인 경험이나 사고, 입장, 관점, 의견과 관계없이 듣는 것은 어려운 일이다. 하지만 본인의 의견을 접어두고 이야기를 들어야만 진정으로 상대방의 이야기를 들을 수 있게 된다. 그렇지 못하면 영원히 자신의 이야기만 듣는 셈이 되고 만다.

여섯째, 미리 결정을 내린다.

상대방의 이야기를 제멋대로 해석하지 말라. 그 대신 이야기를 듣고 그것의 진정한 의미를 파악하도록 하라.

일곱째, 다른 사람의 마음을 읽을 수 없음을 인정하지 않는다.

다른 사람의 생각을 안다는 것은 쉽지 않다. 물론 공감하는 부분도 있지만, 알지 못하는 부분이 더 많다. 그러므로 항상 물어보는 것이 최상의 방법이다.

여덟째, 반대나 갈등을 피하고자 계속 동의를 한다.

상대방의 기분을 맞춰주거나 반대 및 갈등을 피하기 위해 동의를 하면 신뢰감을 잃어버릴 수도 있다. 가능하면 미소를 띠고 이야기에 귀를 기울이도록 하라.

아홉째, 대화의 그 다음 내용에 관심을 기울인다.

현재 상대방이 말하는 것에 관심을 기울이지 않고 '그 다음에는 이러이러한 말을 할 것이다'라는 식으로 앞서가면 진실한 대화를 나누는 것이 불가능해진다.

제4부
하이테크와 하이터치의
만남

하이테크(high tech)와 하이터치(high touch)의 공존

'디지털 혁명'은 이미 진행되고 있다. 그것은 우리의 미래에 엄청난 변화를 가져올 것이며 의식까지도 바꿔놓을 것이다. '디지털'이라고 하는 것은 '테크놀로지'라는 단어를 연상하게 만들고 또한 '미래는 디지털 혁명으로 시작될 것'이라는 결론을 내리게 한다.

역사적으로 볼 때, '혁명'이라고 하는 것은 사회발달의 모태가 되었음을 알 수 있다. 인쇄술의 발달로 지식이 보편화되면서 르네상스라는 정신적인 혁명이 일어났고, 증기기관의 발명으로 인간이 노동력으로부터 해방되면서 19세기말에 산업혁명이 일어났다. 그리고 결국 농경사회에서 제조업 중심의 산업사회로 바뀐 것이다.

그 후 약 50년을 주기로 전화, TV, 컴퓨터가 발명되었고 특히 최근에는 컴퓨터와 통신의 발전이 디지털 혁명으로 이어져 바야흐로 산업혁명에 비유될 정도로 21세기의 모습을 송두리째 바꿀 태풍으로 다가오는 것이다.

새로운 공간 속에서 사람들을 새롭게 연결시키는 인터넷은 전세계를 하나로 묶으면서 그 어느 시대보다 빠르게 개인이나 기업 또는 국가를 변화시키고 있으며 동시에 모든 인류가 정보와 지식을 공유할 수 있는 환경을 제공함으로써 새로운 시대에 걸맞은 새로운 사고를 요구하고 있다.

그렇다면 미래의 도도한 물결을 수용할 우리의 선결문제는 무엇인가? 그것은 바로 '기록하는 문화', '기획하는 태도', '원활한 의사소통' 등 정보사회로 가기 위해 필수적인 인프라이며 이러한 바탕 위에서 개인의 창의성이 발휘될 때, 21세기에 디지털 혁명의 꽃을 활짝 피울 수 있을 것이다.

첨단의 기술일수록 최고의 접촉이 필요하다

존 나이스 빗은 "새로운 기술이 사회에 도입되면 사람들은 그에 대해 거부반응을 일으키게 되어 있다. 즉, 최고의 접촉을 원하는 것이다"라고 말했다.

전자상거래에서 고객이 가장 많이 원하는 것은 무엇일까? 그것은 다름아닌 이야기를 할 수 있는 살아있는 사람이다. 따라서 최첨단을 걷는 기술일수록 사람과의 접촉이 필요하다.

네트워크 마케팅에 참여하라.

네트워크 마케팅은 인간적인 접촉으로 균형을 유지하면서 전자상거래의 첨단기술을 상쇄해 주는 역할을 하고 있다. 그리고 성공적인 사업자는 네트워크 마케팅 사업이 '인간산업'이라는 것을 잘알고 있다. 제품이 제품을 주문할 수는 없는 것이다. 또한 제품이직접 웹사이트와 거래를 할 수는 없다. 어디까지나 사람이 거래를하는 것이다.

전화, 팩스, 전자상거래가 네트워크 마케팅 사업자의 사업을 성장시키는가? 아니다. 어디까지나 사람이 성장시키는 것이다.

네트워크 마케팅은 어떤 사업보다 인간적인 접촉이 많은 사업이다. 그렇기 때문에 더더욱 인터네트워킹이 요구된다. 즉, 하이테크와 하이터치가 필요한 것이다.

따뜻한 인간애를 대신할 수 있는 것은 아무 것도 없다. 모든 사람들은 좋아하는 사람들과 함께 할 필요가 있으며 다른 사람의 인정을 받고 싶어한다. 또한 아플 때 기대어 울 수 있는 부드러운 어깨를 원한다. 동시에 목표를 달성하면 함께 축하해 줄 사람을 필요로 한다. 즉, 사람들은 관심, 용기, 동기, 축하, 인정, 확신, 헌신 등을 필요로 하는 것이다.

변화의 물결

네트워크 마케팅에 종사하는 사람들은 그들의 사업을 두고 '미래의 물결'이라고 즐겨 말한다. 하지만 그것은 정확한 말이라고 할 수 없다. 미래의 물결은 어디까지나 '기업혁명'이다. 즉, 미래의 물결은 업무와 고용면에서 완전히 새로운 사고의 전환인 것이다.

미래의 물결은 재택사업이다.

미래의 물결은 판매와 소비의 방식을 완전히 바꾸는 대전환이다.

미래의 물결은 정보채널을 통한 유통산업에 있다.

결국 단 하나뿐인 미래의 물결은 없다. 하나의 물결 뒤에는 또 하나의 물결이 계속 다가오는 것이며 네트워크 마케팅 사업은 그 물결을 타는 데 이용하는 서핑 보드라 할 수 있다.

어느 분야에서든 위대한 성공을 이룬 사람들도 마찬가지이다. 그들은 노련한 서핑 보드 전문가처럼 혹은 돌고래처럼 변화의 물결을 탈줄 알았기 때문에 성공한 것이다.

성공을 결정짓는 것은 '환경'이 아니다. 문제는 주어진 환경에 어떻게 대응하고 반응하는가에 달려 있는 것이다. 그리고 '어떻게'라고 하는 것은 바로 '태도'를 말한다.

열정을 지닌 모든 위대한 성취가들은 늘 "성공하기 위해 무엇을 바꿔야 하는가?"라는 질문을 던진다. 이 질문은 마음을 열게 하고 기운을 진작시키며 호기심이 일게 하고 혁신적인 사고를 하게 하며 또한 대단히 생산적인 인간이 되게 한다.

당신이 만약 오늘 네트워크 마케팅의 사업자가 되었다면, 이제 당신은 인터넷 혁명의 제 1선에 서게 된 것이다. 비록 지금은 인터넷을 적극적으로 이용하지 못하더라도 조만간 당신은 전자상거래 왕국의 기반을 건립하게 될 것이다. 그리고 당신의 그룹이 크면 클수록 앞으로 확보할 수 있는 시장점유율도 높아진다.

그러므로 네트웍 망을 구축하도록 하라. 수동적이 아니라 적극적으로 네트웍 망을 확장해 나가야 하는 것이다.

21세기는 이미 시작되었고, 이제는 인터넷 세상이 된 것이다. 그리고 그것이야말로 우리가 믿을 수 있는 변화이다.

미래 유통의 경쟁력 확보

미래 유통은 인터넷 가상공간을 통해 시간적, 공간적 한계를 뛰어넘어 실현되기 때문에 실물위주의 경제체제에 혁명적 변화를 불러올 것이다. 즉, 인터넷을 통해 형성되는 '가상공간'은 전세계를 국경없이 넘나드는 막강한 영향력을 지닌 새로운 매체로 우리 곁에 다가와 있는 것이다.

그리고 이러한 가상공간 속에서 이루어지는 상행위가 바로 '전자상거래'이다.

전자상거래 하에서는 기업과 소비자가 인터넷을 통해 일대일로 마케팅을 할 수 있을 뿐만 아니라, 과도한 유통경비를 줄일 수 있기 때문에 상품의 경쟁력과 고객만족을 극대화할 수 있게 한다.

이러한 유통의 변화는 일반 상거래에만 기여하는 것이 아니라, 네트워크 마케팅에도 변화를 가져왔다. 지금까지 네트워크 마케팅은 틈새시장, 차별화전략, 기능성 제품 등 강한 메시지를 전달할 수 있는 제품을 중심으로 고객을 확보해 왔다. 하지만 사이버 시대를 맞이하여 가격, 품질, 기능성 제품에서 동등한 위치를 확보하게 되었기 때문에 기존의 장점에 사이버공간의 장점이 결합되어 엄청난 시너지 효과를 발휘하게 될 것이다.

특히 그 이유는 미래학자들의 명확한 제언이 뒷받침하고 있다. 미래학자 존 나이스 빗은 미래사회를 "하이테크(High tech)와 하이터치(High touch)가 공존하는 사회가 될 것이다"라고 예언했던 것이다. 그리고 그는 "미래는 하이테크(고도의 기술사회)와 하이터치(사람들과의 접촉)를 '환상적으로 구현'하는 네트워크 마케팅 시대가 될 것이다"라고 덧붙이고 있다.

이것을 뒷받침할 수 있는 예로써 사이버마켓의 쇼핑몰을 살펴보자.

일반회사의 쇼핑몰은 기존의 유통방식처럼 자신의 존재를 알리기 위해 엄청난 비용을 들여 광고를 해야 한다. 아무리 좋은 쇼핑몰 사이트를 구축했다 할지라도 사람들이 그 존재를 알지 못해 그 사이트를 찾아가지 못한다면 무용지물이 되기 때문이다.

또한 소비회원을 확보했다 할지라도 고객을 유지하는데 들어가는 비용 또한 만만치 않을 것이다. 왜냐하면 지속적인 서비스나 인센티브 제도가 없다면 회원으로 남아있지 않을 것이기 때문이다.

그렇다면 네트워크 마케팅의 쇼핑몰은 어떠한가?

기존의 유통방식과 네트워크 마케팅의 유통방식이 다른 것처럼 사이버공간 내에서도 많은 차이를 드러낸다. 네트워크 마케팅은 인간적인 접촉을 통한 사업방식(Personal Selling)이기 때문에 기존의 사업자들이 그 이점을 살려 개별접촉을 통한 사업을 전개하면서 사이트를 알리게 된다. 따라서 특별하게 광고비를 투자할 이유가 없다.

또한 개별접촉을 통한 제품 설명도 셋톱박스를 이용하여 자사의 쇼핑몰에 접속한 후, 대형 TV 화상을 통해 편리하게 전개할 수 있다.

그 밖에도 CD명함을 이용한 사업방식이 있는데, 이러한 방식은 자신이 직접 사업을 소개하는 것에만 이용하는 것이 아니라, 고객이 CD명함을 통해 사업자의 홈 사이트에 접속하여 제품을 구매하게 될 때, 명함의 주인공은 자동적으로 포인트(PV)를 얻게 되는 이점이 있다.

그 이유는 CD명함을 이용하면 회사가 부여한 자신의 고유번호를 통해 자동접속이 가능하게 함으로써 소비자의 구매가 자동적으로 사업자의 PV에 합산되도록 해놓았기 때문이다. 그리고 사업자로 등록하게 되면 CD명함 주인의 다운라인으로 영입된다.

무엇보다 중요한 요소는 정보의 폭넓은 교류에 있다. 자신의 그룹을 위한 조직관리나 교육을 인터넷 화상회의를 통해 동시다발적으로 병행할 수 있을 뿐만 아니라, 시간의 제약을 받는 사업자라 할지라도 이미 구축된 교육프로그램 파일을 이용하여 원하는 시간에 얼마든지 교육을 받을 수 있는 것이다.

따라서 자신의 비즈니스 시간을 24시간 사용할 수 있으며 회사와의 커뮤니케이션은 물론이고 시간의 제약없이 실질 구매행위가 가능하다. 이처럼 인터넷은 근본적인 유통의 편리성과 신속성 그리고 가격과 서비스에 대한 경쟁력에 있어서 고객의 기대를 바꿔놓고 있는 것이다.

전자상거래 시대

역사상 최초로 전자화폐 거래를 한 곳은 1864년 웰즈 파고(Wells Fargo) 역마차 회사의 전신이었다. 그들은 전자화폐 거래로 블랙 바트 같은 무장 강도들이 역마차를 공격해 현금상자를 빼앗던 험악한 미국 서부 개척시대에 멀리 떨어진 곳까지 돈을 안전하게 옮길 수 있었던 것이다.

전자화폐의 효용성이 알려지면서 이러한 서비스는 일반인에게도 크게 인기를 얻었고, 전신거래가 늘어나 웰즈 파고의 전신처리 중개인이 두 배로 늘게 되었다.

그리고 21세기에도 전신은 여전히 사용되고 있다. 하지만 이제는 광케이블을 통해 전세계 은행, 중개소, 증권시장, 기업, 상품거래소로부터 매일 엄청난 금액의 돈이 왔다갔다한다.

여기에 경제의 거대한 미개척지로 떠오른 전자상거래가 가세하여 상상을 초월하는 21세기의 경제 상황을 예감하게 한다. 더불어 네트워크 마케팅의 사업자들은 폭발적으로 성장하는 전자상거래에서 이미 주도적인 역할을 담당하고 있다.

전자상거래에 관한 미국의 최신 기록

◆ 1999년, 100대 전자상거래 웹사이트는 연간 1천%의 성장률을 보였으며 이러한 성장세는 앞으로 더욱 커질 것으로 예상되고 있다.

◆ 인터넷 경제는 1998년에 총매출 3천 10억 달러 이상을 기록했으며 1백 20만개의 일자리를 창출하였다.

◆ 2003년까지 기업대 기업의 전자상거래 규모는 1998년의 430억 달러에서 2003년에는 1조 달러까지 늘어날 것으로 예상되고 있다.

◆ 기업대 소비자의 전자상거래 규모는 1998년 78억 달러에서 2003년까지 1천 80억 달러로 늘어날 것으로 예상되고 있다.

◆ 모든 인터넷 사용자 중 1/3이 온라인 쇼핑을 즐기며 이 수치는 앞으로 계속 늘어날 것이다.

◆ 전문가들은 기업들이 인터넷에 광고하기 위해 쓰는 비용이 1999년 32억 달러에서 2003년 115억 달러로 늘어날 것으로 예상하고 있다. 2004년에는 220억 달러까지 늘 것이다. 즉 라디오 광고보다 인터넷 광고가 더 많은 인기
를 얻게 될 것이다.

◆ 1998년에 약 6백만 가구가 정기적으로 온라인 쇼핑을 즐겼고, 2010년에 그 수치는 2천만으로 늘어날 것이다.

◆ 대략 42만 7천 개의 소규모 업체들이 1998년과 1999년 사이에 전자상거래에 뛰어들었고 이들 중 71%는 자신들의 성공에 인터넷이 필수적이었다고 말하고 있다.

◆ 1995년부터 1998년까지 정보기술산업은 비록 미국 국내총

생산의 8%만을 차지했지만 미국의 경제성장 기여도는 35%였다.

◆ 전세계 기업들은 2002년까지 전자상거래를 통해 전통적인 거래 비용을 줄이거나 제거함으로써 연간 6천억 달러의 비용을 절감할 수 있을 것으로 예상하고 있다.

◆ 2002년까지 10대들은 온라인 쇼핑에 12억 달러를 5~12세 사이의 어린이들은 1억 달러를 쓸 것으로 예상되고 있다.

◆ 2003년까지 약 95%의 대학생들이 온라인 쇼핑에 연간 40억 달러를 사용할 것으로 예상된다.

인터네트워킹

이제 인터넷을 준비하지 않는다면 네트워크 마케팅 산업에서 살아남을 수 없을지도 모른다. 간혹 '인터넷이 아니어도 나는 성공할 수 있다. 어차피 사람들을 만나야 후원과 판매가 이루어질 것이 아닌가?'라고 생각하는 사람도 있지만 그것은 변화의 위력을 아직 깨닫지 못했기 때문에 그런 것이다.

그리고 인터넷은 단순하게 이용하는 것만으로는 문제해결의 실마리를 찾을 수 없다. 그렇기 때문에 오늘날의 화두는 '인터넷을 어떻게 이용할 것인가?'라는 것이다.

막연하게 '아직 시간이 많이 남아 있다'라고 생각한다면 문제는 심각하다. 이미 대부분의 네트워크 마케팅 업체가 인터넷 도구를 사업에 이용하고 있으며 지난 수 십 년간 지속해오던 전통적인 사업방식과 결별을 고하는 징후들이 나타나고 있다.

이러한 변화의 기회를 보고만 있을 것인가? 확신을 하지 못해 구경꾼으로 남아 있을 것인가? 아니면 직접 참여하여 변화의 기회를 놓치지 않을 것인가?

지금은 네트워크 마케팅의 강점인 인간적인 접촉과 인터넷의 전자적인 부분을 결합한 인터네트워킹을 구성하여 신사고 신개념의 사업방식이 뿌리내려야 할 때이다. 이미 발빠른 사람들은 그 기반을 상당히 확보하고 있다.

세계는 급변하고 있다. 따라서 이러한 변화를 수용하고 새로운 컨셉과 새로운 방식의 비즈니스 시스템을 개발하지 않고서는 발전을 기대할 수 없게 되었다.

거듭 강조하지만 네트워크 마케팅 기업이 경쟁력을 확보하려면 인터넷을 활용한 새로운 사업활동 방식을 개발하고 효과적으로 소비자층을 확보할 수 있는 비즈니스 방식을 적극 개발해야 한다.

대기업과 경쟁할 수 있는 절호의 기회

1876년 알렉산더 그레헴 벨이 전화를 발명했을 때 사람들은 그다지 관심을 기울이지 않았다. '이야기를 하려면 서로 마주보고 할 것이지 굳이 전화로 이야기할 이유가 어디 있는가?' 라고 생각했던 것이다.

하지만 오늘날은 어떠한가!

전화의 편리함에 푹 젖어버린 우리들은 단 하루도 전화 없이 살 수 없을 것이라는 생각을 하고 있다. 전화가 발명될 당시처럼 전화의 불필요성을 주장하는 사람은 단 한 명도 없는 것이다.

이처럼 새로운 환경은 처음 등장할 때 사람들로부터 주목받지 못하다가 앞서가는 사람들에 의해 그 가치를 인정받고 활용됨으로써 독점적인 시장을 확보하게 된다.

최근에 소규모 기업이나 벤처기업이 경쟁적으로 늘어나는 것은 무엇을 의미하는가? 그것은 바로 탁월한 응용지식, 독보적인 기술개발, 기술활용의 고부가가치만이 21세기의 경쟁에서 이겨나갈 수 있다는 것을 뜻한다.

결국 지금의 인터넷 환경은 창의력과 기술력 그리고 응용분야에 따라 아무리 소규모 기업이라 할지라도 대기업과의 경쟁에서 우위를 확보할 수 있는 기회를 제공하는 것이다.

이제 사업환경은 동일한 출발점을 제공하고 있다. 대기업만이 인터넷 제공업자가 될 수 있는 것은 아니다. 소규모 업체나 개인도 사이버 공간에서는 대기업과 경쟁을 벌일 수 있다.

이러한 기회를 이용할 것인지 아니면 외면할 것인지의 선택은 오직 당신만이 할 수 있다. 만약 지금까지도 '아직'이라고 생각한다면 서둘러라. 이미 선진국에서는 인터넷을 통한 사업으로 엄청난 부를 거머쥔 사람들이 새로운 삶을 창조하고 있다.

사업방식에 있어서의 새로운 시스템 개발

인터넷은 모든 분야에 있어서 전통적인 룰을 깨뜨리고 새로운 질서를 세우고 있다. 그러므로 네트워크 마케팅 사업자들도 이러한 기류에 편승하기 위해서는 최선의 노력을 기울여 사이버 전문가가 되어야 한다.

이미 네트워크 마케팅이 지니고 있는 인적 인프라의 활용방식은 보편화된 지 오래이다. 따라서 좀더 지능적인 사고력이 필요하다 하겠다.

첫째, 회사의 웹사이트에 예상고객의 e-메일과 홈페이지를 구축할 수 있도록 서비스한다. 예상고객의 홈페이지나 e-메일은 당신 회사의 유용한 자산이 되는 것이다. 그러므로 이를 이용할 방법을 개발해야 한다.

예상고객의 e-메일을 통해 취미가 같은 동호인이나 친목단체를 구성하고 친목 도모를 통해 사업의 영역을 확보해 나가는 방법을 개발하라. 그리고 자신의 홈페이지를 만들어 고객을 불러들이고 정보교류는 물론 고객서비스도 할 수 있도록 구성하라.

둘째, 회사를 소개하는 광고 사이트를 만들어 연계 채널을 만들고 예상고객들이 관람하는 것만으로도 부가수입이 창출되는 방식을 도입함으로써 고객의 흥미를 유발할 수 있어야 한다. 모든 고객이 회원이 아닐지라도 고객이 또 다른 고객을 끌어들이면 적립식 인센티브를 주는 제도를 병행함으로써 회사의 홈 사이트를 효과적으로 홍보할 수 있다.

셋째, 회사를 소개할 수 있는 홍보 CD를 재미있게 구성하여 무한대로 공급하라. 우리 나라의 컴퓨터 보급대수가 천 만 대를 넘었다는 것을 안다면 컴퓨터 세대를 위한 오락, 게임, 정보, 교육, 일반상식 등 흥미를 유발할 수 있는 다양한 분야에 서비스를 제공하고 그것이 회사 웹사이트로 접속할 수 있도록 유도하라. 그들이 쇼핑을 즐기는 사이에 회사는 소득도 창출하고 다양한 계층의 소비자회원을 확보할 수 있다.

인터넷에는 우리가 미처 생각지 못한 다양한 분야에서 개발가능성을 충분히 안고 있다. 클릭만 해도 자신의 홈페이지를 자동으로 형성할 수 있는 소프트웨어를 개발하거나 좀더 고객에게 흥미를 유발시킬 수 있는 서비스를 제공하고, 개인의 홈페이지에서 회사의 쇼핑몰로 곧바로 들어갈 수 있게 만드는 방법도 한 요령이다. 이처럼 단순한 기능만으로도 많은 효과를 이끌어낼 수 있는 것이다.

하지만 아직도 많은 네트워크 마케팅 사업자들이 고전적인 방식에 얽매여 헤어나지 못하는 경우가 많이 있다. 물론 그 중 일부는 성공적으로 사업을 전개하는 경우도 있다. 그러나 그러한 활동에 인터넷을 도입한다면 그 효과는 가히 폭발적일 것이다.

그들은 1870년대에 알렉산더 그레헴 벨의 전화기를 사용하지 않고도 거대한 기업을 구축했던 사업가처럼 인터넷을 무시하고 오로지 네트웍 망에 의존하여 서로 얼굴을 대할 수 있는 모임을 고집할지도 모른다. 하지만 인터넷은 자전거와 자동차의 경주처럼 갈수록 더 많은 격차를 가져올 것이다.

시대의 조류를 보다 빨리 읽어내는 사람들은 이미 인터넷을 통해 강력한 네트웍 망을 구성해 가고 있다.

[MLM 워치독 컴(MLM watchdog. com)]지 편집자인 로드 쿡(Rod Cook)에 따르면 미국에서 1999년 처음 10달 동안 네트워크 마케팅 사업자가 400만이나 증가했다고 한다. 그리고 이것은 네트워크 마케팅 업계가 등장한 이래 가장 큰 성장률이라고 한다.

또한 인터넷 네트워크 마케팅 회사인 올어드벤티지에는 180일 만에 280만 명의 네트워크 마케팅 사업자가 등록했다고 한다. 게다가 올어드벤티지는 1998년에만 해도 존재하지 않던 회사로 사람들이 인터넷상에서 광고를 보면 수당을 지급하고 있다.

한편, 라이프 텍의 창립자이자 대표이사인 그렉 아놀드(Greg

Arnold)는 "처음 사업을 시작한 9개월 동안 우리의 고객은 모두 인터넷을 통해 들어온 사람들뿐이었다"고 말했다. 그는 기술자가 아니다. 오직 평생동안 네트워크 마케팅 사업자로서 1996년에 처음으로 온라인에 참여한 사람일뿐이다. 그리고 1997년 10월 자본금 5,000달러로 라이프 텍을 시작했다.

"사업을 시작하는데 전국을 대상으로 사업설명회를 할 자금여유가 없었다. 그 때 인터넷이 유일한 방법이었다. 인터넷상에서는 우리같이 작은 회사도 프록트 앤 갬블 같은 회사와 경쟁하여 이길 수 있다"고 아놀드는 자신있게 말한다.

아놀드는 두 개의 사이트를 구축했는데 하나는 자신의 네트워크 마케팅 사업자를 위한 사이트였고 다른 하나는 일반회원을 위한 것으로 이 사이트에서는 라이프 텍의 건강보조식품을 판매하였다. 그리고 그 회사의 회원들은 자신의 웹사이트를 통해 일어난 매출에 대해 30%의 커미션을 지급받게 된다.

라이프 텍은 현재 매달 30%의 성장을 하고 있으며 20개국에 제품을 유통시키고 있다. 그들이 성장할 수 있었던 이유는 네트워크 마케팅의 힘을 이해함과 동시에 사람들이 인터넷 쇼핑을 즐긴다는 사실도 이해하고 있었기 때문이다.

이제는 동종업계간의 경쟁이 아니라 이종업계에 대한 경쟁력을 기를 때이다. 지금이라도 네트워크 마케팅의 인간적인 부분과 인터넷의 전자적인 부분을 결합한 강점을 살려 인터네트워킹으로 새로운 경쟁력을 길러야 할 것이다.

역사가 주는 10가지 교훈

혁신적인 인터넷 시대를 이해하는 데 있어서 역사가 우리에게 제시하는 교훈은 무엇인가?

변화는 일어나기 마련이다.

역사에서 우리가 얻을 수 있는 첫 번째 교훈은 변화는 일어나기 마련이라는 것이다. 단지 때로는 빨리 때로는 서서히 일어나는 차이만 있을 뿐이다. 그러나 변화는 절대적으로 일어나게 되어 있다. 그리고 우리는 지금 엄청난 변화의 시대를 살고 있다.

일상생활에 인터넷이 다양하게 적용된다는 것은 인간 사회의 근본적인 전환점을 나타내는 것이다. 그렇다고 변화를 두려워할 필요는 없다. 변화가 없다면 발전도 없는 것이다. 그러므로 당신은 변화하는 세상과 더불어 변화하고 발전해야 한다.

주체는 당신이다.

문명의 과정은 자신을 둘러싸고 있는 세상에서 진행되고 있는 일에 깊은 관심을 기울였던 사람들에 의해 계속해서 수정되었다. 그렇다고 그들이 반드시 놀랄만한 재능을 지닌 특별한 사람들이었던 것은 아니다.

하지만 그들은 세상을 주의깊게 관찰했고 기꺼이 배우려고 했으며 새로운 기술을 두려워하지도 않았다. 역사는 우리에게 개개인이 중요하다는 사실을 강조하고 있다. 즉, 한 사람이 전 세계를 변화시킬 수도 있는 것이다.

기술은 널리 전파된다.

바퀴는 5,000년 전에 중동에서 발명되었지만, 지금은 전세계 사람들이 바퀴의 혜택을 보고 있다. 1,000년 전에는 중국인들만이 철을 제련하는 기술을 갖고 있었지만, 지금은 전세계에 알려져 있다.

기술은 한 곳에 머물지 않고 널리 전파된다. 얼마 전까지만 해도 지구상에는 단 한 대의 컴퓨터도 없었다. 하지만 지금은 컴퓨터 없이는 살 수 없다는 생각이 들 정도이다. 이와 마찬가지로 인터넷 기술은 인간의 모든 문명 속에 스며들 것이다.

비밀은 네트웍에 있다.

어떠한 발명도 진공상태에서는 존재하지 않는다. 발명은 다른 장치들과 연결된 행렬의 일부이며 인간 사회 네트웍의 일부이다. 그렇다면 단순히 컴퓨터만으로 사회를 변화시키거나 새로운 시대의 문을 열 수 있는 것이 아니라는 것을 알 수 있다. 즉, 컴퓨터를 네트웍으로 연결시킨 인터넷이 있어야만 하는 것이다.

상업이 열쇠이다.

상업을 과소평가하지 말라. 물건을 시장으로 운반할 필요가 있었기 때문에 바퀴가 탄생한 것이고 거래 내용을 기록할 필요가 있어서 문자가 발명된 것이다.

그리고 1200년대의 강력한 물레방아와 풍차는 비즈니스에 새 시대를 열었고 유럽이 암흑의 시대를 벗어나는 계기를 마련하기도 했다. 또한 개선된 무역로, 은행업, 상업적인 벤처가 르네상스 시대의 많은 기적들을 가능하게 했다.

신기술, 상업적인 벤처 그리고 사업 기회는 인류 역사 내내 항상 밀접하게 연결되어 있었다. 그렇기 때문에 인터넷을 기반으로 한 전자상거래가 오늘날 그렇게 중요한 것이다.

혁명은 어디에나 존재한다.

산업혁명과 기업혁명은 일하는 방식뿐만 아니라 생활하는 방식, 옷 입는 방식, 의사 소통하는 방식, 상호 작용하는 방식 그리고 일상생활을 대하는 방식에 커다란 변화를 일으켰다. 그리고 인터넷 혁명은 다음 수 십 년간 우리 사회 모든 분야에 영향을 미치면서 산업혁명과 기업혁명만큼이나 광범위한 영향을 미칠 것이다.

21세기 중반까지는 사회가 완전히 변화할 것이라는 것을 기대해도 좋다. 그리고 그러한 변화의 추진력은 인터넷 기술의 상업적 적용에서 나올 것이다.

중요한 것은 사람이다.

인터넷 혁명에서 중요한 것은 컴퓨터가 아니다. 스캐너, 프린터, 무선호출기, 휴대폰도 아니다. 즉 사람이 가장 중요한 요소인 것이다. 왜냐하면 혁명은 우리 사회와 문화에 있어 거대한 변화의 시대를 나타내기 때문이다.

기술이 기술을 낳는다.

인터넷 혁명 시대를 사는 우리에게 있어 신기술은 매우 빠르게 다가올 것이며 과거 어느 때보다 빠른 속도로 변화를 가져올 것이다. 따라서 2050년이 되면 지금의 모습이 낯설고 멀게만 느껴질 지도 모르는 것이다.

새로운 부의 창출이 이루어진다.

1840년, 미국에는 겨우 20명의 백만장자만이 있었다. 그리고 기업혁명이 형태를 갖추기 시작했을 무렵인 1879년에는 100명이 있었다. 그러나 겨우 10년이 조금 지난 1892년경에는 미국에 4,000명 이상의 백만장자가 있었다.

이것이 주는 교훈은 거대한 변화의 시기에는 즉, 신기술과 새로운 비즈니스 방식이 결합되는 시기에는 사람들이 부유해진다는 것이다.

신기술과 새로운 비즈니스 방식의 결합

네트워크 마케팅 기업들은 인터넷 기술에 맞는 완전히 새로운 상업모델을 만들어냈다. 단순한 우편주문과 소매테크닉에서 벗어나 인터넷 혁명의 전위에 서 있는 것이다. 그리고 그 모델로써 기업가들과 그들의 가족들을 위해 활용하고 있다.

인터넷 혁명은 우리 시대의 거대한 변화이다. 특히 상업에 적용된 인터넷은 상상을 초월하는 변화를 가져올 것이다. 전혀 의심의 여지가 없다.

사실, 세계 통신네트웍이라는 인터넷 기술의 특성 때문에 인터넷 시대가 이전의 산업혁명보다 더 큰 영향을 미칠 것이다. 향후 수 십 년 동안 우리 사회는 인터넷 사용으로 인해 우리가 상상할 수 있는 모든 방면에서 변화를 겪게 될 것이다. 우리는 정말 멋진 시대에 살고 있는 것이다.

사이버 군단

통합가상마트(IVM)

리차드 포는 {제4의 물결—네트워크 마케팅의 미래}에서 "모든 제조회사는 유통전문회사로 턴키 베이스화 되고 있다"고 지적했다. 그리고 네트워크 마케팅의 강점인 회원 조직의 오프라인(Off line)과 전자상거래인 인터넷의 온라인(On line)의 결합으로 '제3의 물결'에서 두각을 나타낸 판매방식의 기술적인 발전보다 훨씬 강력한 성장세를 나타낼 것을 강력히 시사해 준 바 있다.

실제로 현재의 e-비즈니스는 기업과 기업(B to B)간의 전략적 제휴가 활발히 이뤄지고 있는데, 그 이유는 아무리 온라인 상의 쇼핑몰을 구축할지라도 그것을 유지하고 이끌어가기 위해서는 많은 홍보비를 투자하여 네티즌들을 유치하기 위해 끊임없이 프로모션을 해야 하기 때문이다.

이미 모든 경쟁적 이해관계를 갖고 있는 인터넷 기업들은 기업 대 기업의 통합이나 콘텐츠의 통합이라는 상호 보완적 전략으로 새로운 질서를 만들어가고 있다. 왜냐하면 불특정 다수를 기반으로 기업을 유지해야 한다는 사실이 기업의 생존에 적지 않은 부담을 줄뿐만 아니라, '슬롯머신 경영'이라는 '덫'을 벗어나야 하기 때문이다.

그렇다면 네트워크 마케팅 산업은 어떠한가?

아직까지 우리 나라의 네트워크 마케팅 산업은 몇 몇 회사를 제외하고는 이렇다 할 e-비즈니스를 활용하지 못하고 있다. 왜냐하면 자본력 그리고 경쟁력에서의 열악한 구조를 벗어나지 못하고 있기 때문이다. 그렇다고 이대로 있을 수는 없는 노릇이다.

그 대안이 바로 통합가상마트(Integrate Virtual Mart)라는 형식으로 가상공간에서의 기업간 통합사이트를 구축하는 것이다. 이것은 일반유통과의 경쟁에 있어서 우위를 확보하기 위한 전략적 개념으로 유통혁신의 새로운 모델이라 할 수 있다.

네트워크 마케팅 회사는 각각의 판매조직(네트워크 마케팅 사업자)과 일반 회원들을 기반으로 운영된다. 그리고 회사를 대신하여 판매사업을 하는 사업자들은 각 개인의 능력에 따라 수익을 창출하는 방식으로 그 이익을 회사와 공유하고 있다.

따라서 각각의 회사는 적게는 5,000명에서 몇 십 만 명에 이르기까지 다양한 회원을 확보하여 다양한 방식으로 사업영역을 확보하기 위해 노력한다. 하지만 이러한 사업방식은 이제 인터넷이라는 도구의 출현으로 구시대적인 방식으로 전락할 날이 멀지 않았다. 이제 네트워크 마케팅 업계도 신사고의 전환점에 놓여 있는 것이다.

'때'를 알고 대처하는 사람만이 디지털시대의 강자가 될 수 있다. 그러기 위해서는 지금보다 훨씬 더 월등한 인터넷사이트로 좋은 환경을 만들어야 한다. 그것은 독자적인 고유 사업방식을 쇼핑사이트로 통합하여 필요한 부분만을 대상으로 공동의 이익을 추구하는 것이다.

예를 들어 만약 20여 개의 회사가 가상공간에서 통합사이트를 통해 판매를 한다면 약 30만 명(네트워크 마케팅 회사 평균 약 1만 5,000명)의 회원과 300만 명(회원 1인당 소비자 회원 10명으로 계산)이라는 소비자를 확보하게 된다.

그리고 300만 명이라는 기반을 중심으로 공동구매를 한다면 제조회사가 구경만 하고 있겠는가? 아마도 통합가상마트에 물건을 올리기 위해 치열한 경쟁을 벌일 것이다.

이미 암웨이 사의 원포원 제도(자사 상품 하나와 국내상품 하나를 동시에 판매함)에서 입증되었듯 회원의 숫자만큼 팔려 나간다는 사실은 상식적인 일이다. 그렇기 때문에 하나의 회사만이 아닌 통합가상마트의 효과는 새로운 유통혁명을 일으킬 가능성이 그만큼 커질 수밖에 없다.

특히 통합가상마트로 출범한 '아이엠코리아닷컴(im-korea.com)'은 우리 나라 네트워크 마케팅 사업을 한 차원 높여 줄 가상쇼핑몰의 주소로 다음과 같은 조건을 충족하고 있다.

첫째, 네트워크 마케팅의 사회적 인식을 건전하게 홍보할 수 있을 뿐만 아니라, 판매방식이나 회원가입이 인터넷상에서 실시간으로 이루어지므로 모든 판매나 후원기능이 건전하게 더욱더 효과적으로 확장될 수 있다.

둘째, 법률적으로 제한된 고가상품이나 무형의 상품일지라도 사업영역에 구애받지 않고 무엇이든 판매할 수 있다. 특히 사업자의 특성에 적합한 기초상품에서부터 기획상품, 전략상품, 서비스상품에 이르기까지 다양한 상품군을 제공할 수 있다는 장점이 있다.

셋째, 의식주에 필요한 다양한 상품을 제조회사로부터 공동 구매하여 값싸고 품질 좋은 상품들을 저렴한 가격에 공급할 수 있다. 즉, 타 유통업체인 E마트나 K마트 등 할인매장과도 경쟁력을 갖출 수 있다.

넷째, 각각의 네트워크 마케팅 회사 고유의 마케팅이나 전략상품을 그대로 유지하면서도 자사에 없는 다양한 상품을 자사의 백화점처럼 활용할 수 있다.

다섯째, 사업자와 소비고객의 Needs가 있는 곳에 필요한 서비스와 솔루션(Solution)을 제공한다. 즉, 소비자 마케팅을 통해 고객상담, 문화강좌, 교양강좌, 이벤트행사 등 모든 정보와 서비스를 실시간으로 제공해 주는 것이다.

여섯째, 인터넷을 이용한 사업방식의 개발로 효과적인 사업모델을 제공한다. 인터넷 인큐베이터 사업, 정보검색, 인터넷 미디어, 인터넷 출판, 인터넷 교육, 인터넷 패션, 인터넷 커뮤니케이션, 인터넷 컨설팅 등 가상사무실을 통해 양방향 커뮤니케이션을 할 수 있는 것이다.

일곱째, 통합가상마트는 인터넷상에서 거대한 매출을 올릴 수 있게 해준다. 뿐만 아니라 컴퓨터가 있는 모든 가정이나 사무실 어디에서든 소비자의 카드 결제가 즉시 이루어진다. 또한 온라인 전자 결제 수수료나 크레디트 카드 수수료를 지금보다 현저하게 줄일 수 있다.

여덟째, 고객을 유치하는 방식을 다양화할 수 있다. 우리의 인적 인프라를 이용해 모든 제품정보와 지식정보, 문화정보, 미디어정보, 과학정보, 인터넷정보 등을 CD 매체에 담아 제공함으로써 고객에게 친화적이고 신뢰성 있는 판매사업자로 평가받을 수 있는 것이다.

이러한 CD 매체를 이용하면 상품을 효과적으로 소개할 수 있을 뿐만 아니라 고객의 구매의사에 따라 자신의 패스워드로 접속하여 구매할 경우 자신의 매출로 합산되어 더 많은 소득을 창출할 수 있다.

아홉째, 모든 사업자들이 자신의 이름으로 회사와 동일한 쇼핑 사이트를 개설하여 고객을 자신의 홈페이지에 유치할 수 있으며, 동호인 클럽이나 취미활동 등을 통해 다양한 사람들과 교류할 수 있다. 또한 모든 소비자에게는 e-메일을 활용할 수 있도록 허용함으로써 데이터베이스 마케팅이 가능하다. 즉, 모든 고객에게 신제품 소식이나 이벤트 또는 정보를 신속히 전달하여 효과적인 홍보나 관리를 할 수 있는 것이다.

열 번째, 우리 나라의 컴퓨터 인구는 현재 1,500만 명을 넘어서고 있다. 그러나 구매 주체인 주부들은 대부분 컴맹으로써 인터넷을 이용한 쇼핑방식에 접근이 힘든 실정이다.

하지만 셋톱 박스나 화상 전화를 이용한 간편한 사용법은 보다 친숙한 쇼핑과 지식정보를 제공해 준다. 즉, 화상 전화나 TV화면만 켜도 아이엠코리아닷컴에 접속할 수 있어 자연스러운 쇼핑문화를 즐길 수 있도록 배려한 것이다.

미래를 위한 긍정게임

긍정적인 마음을 가지고 사는 사람들은 자신에게 자신의 환경과 미래를 책임질 수 있는 힘이 있다는 사실을 알고 있다.

우리의 인생은 하나의 게임이다. 그리고 긍정게임을 즐기는 선수들은 미래를 자신감 있게 내다보기 때문에 현재 처해 있는 상황에 현명하게 대처하고 미래를 수용할 줄 안다.

그리고 현명한 네트워크 마케팅 사업자들은 이미 그 이상의 것을 보고 있기 때문에 통합가상마트인 아이템코리아닷컴을 기반으로 변화를 수용하고 미래에 대비할 수 있다.

인터넷상에는 많은 온라인 쇼핑몰이 있다. 하지만 그 실효성에는 현격한 차이가 있으며 대부분의 쇼핑몰은 과도한 홍보비용과 끊임없는 고객 사은행사인 이벤트성 프로모션을 통해 고객을 유치하기 때문에 매출대비 수익성 측면에서 마이너스 성장을 기록하고 있다.

그 이유는 온라인만으로는 고객을 지속적으로 유지하는데 드는 비용이 과중하여 유통대행을 유지하기에 역부족이기 때문이다.

하지만 오프라인의 네트워크 마케팅 기업이 통합가상마트를 이용할 경우에는 거대 사업자 인프라를 이용한 구전홍보를 통해 각 개개인의 수익사업으로 연결시킴으로써 자생적이면서도 자발적인 판매가 이뤄져 고객을 유치하고 관리하는데 비용이 들지 않으므로 훨씬 더 효과적이다.

이것은 곧 인터넷 도구를 이용한 새로운 사업방식인 '제 4물결' 이 예고한 대로 인터네트워킹 시대의 새로운 패러다임을 말한다. 그리고 인터네트워킹은 우리의 사업환경을 송두리째 바꾸고 새로운 사업방식의 세계를 구축할 강력한 도구이다.

이제 앞서가는 기업가는 오프라인(Off-Line)에 온라인(On-Line)을 결합하여 새로운 사업방식을 효과적으로 구축해가고 있다. 그리고 우리의 당면목표는 온라인(On-Line)의 전략적 통합을 통해 공동의 경쟁력을 구축하는데 있다.

당신의 사업환경을 구시대적인 사고의 틀 속에 묶어둘 것인가!

한 번의 클릭으로 고객을 유치한다

이미 네트워크 마케팅 사업을 위한 링크 제공 마케팅이 온라인 상에 도입되었다. 예를 들면 www.buyMLMtools.com은 이중 커미션 구조를 통해 네트워크 마케팅 관련 서적과 테이프를 판매하는 링크 보상 제도를 채택하고 있는 것이다. 따라서 일단 자신의 웹사이트에 링크만 설치하면 본인은 개입할 필요없이 이 보상제도에서 자동적으로 다운라인을 구축해준다.

예를 들어 어떤 한 고객이 나의 웹사이트에 들어와 buy MLMtools.com을 클릭했다고 하자.

그러면 곧장 buyMLMtools.com 웹사이트로 가게 된다. 혹은 회사 홈페이지가 바로 뜰 수도 있고 링크 제공자인 나의 이름과 로고, 기타 개인 정보가 나란히 뜰 수도 있다.

여기에서 고객은 네트워크 마케팅 서적과 테이프를 살펴보게 된다. 그리고 고객이 무엇을 구입하든 나는 그 구매에 따른 커미션을 받는다. 만약 고객이 buyMLMtools.com의 링크제공자가 되기로 하면 그 사람은 곧 나의 다운라인이 되는 것이다.

하지만 인터넷 판매에서도 몇 가지 주의할 사항이 있는데, 그것은 다음과 같다.

선택 범위가 넓다고 해서 고객을 더 만족시킬 수 있는 것은 아니다.
사이트의 특성을 잃지 않도록 주의하고 구체적이고도 명확한 사이트를 개설하여 관련분야에서 전문가가 되도록 노력해야 한다.

제품군을 일치시킨다.
제품군을 일치시키지 않으면 고객의 신뢰를 잃기 쉽고 심지어는 사업기회까지 잃을 수도 있다.

목표시장을 연구하여 홍보를 한다.
아무리 훌륭한 사이트를 개설하고 우수한 제품을 저렴한 가격에 판매할지라도 사람들이 사이트를 알지 못하면 의미가 없다. 그러므로 목표시장에 대한 연구를 통해 고객의 관심을 끌 수 있는 합리적인 요소를 만들어야 한다.

'쿠키' 꼬리표

예를 들어 고객이 나의 링크를 거치지 않고 buyMLMtools
.com 사이트로 곧바로 들어간다고 하자. 그래도 나는 커미션을 받
을 수 있다. 왜냐하면 고객이 처음으로 나의 홈페이지를 방문했을
때, buyMLMtools.com 서버가 고객의 하드 드라이브에 '쿠키',
즉 그가 나의 고객임을 확인해 주는 작은 꼬리표를 달아주기 때문
이다.

이 쿠키가 고객의 컴퓨터에 남아 있는 한, 고객이 나의 홈페이지
를 거치든 안 거치든 buyMLMtools.com을 통해 한 모든 구매는
나의 실적이 된다.

그리고 대부분의 기존 링크보상제도처럼 buyMLMtools.com도
링크제공자에게 단일 레벨의 가입자에 대해서만 커미션을 주고 있
다. 그러나 로드 쿡과 네트워크 마케팅 링크보상제도의 개척자들
은 전통적인 MLM 사업에서처럼 고객들에게 몇 단계의 커미션을
지급하는 시스템을 고안 중이다.

회사로부터의 자유

이러한 발전은 네트워크 마케팅 사업 방식에 어떤 영향을 미칠
것인가? 제 3물결과 제 4물결 혁신이 사람들을 반복적 노동에서
해방시켜 준다면, 다단계 링크보상제도 혁명은 사람들을 회사로부
터 해방시켜 줄지도 모른다.

쿡은 이렇게 말한다.

"이 제도는 네트워크 마케팅을 성장시킬 것입니다. 그러나 지금
과 같은 형태의 성장은 아닙니다. 지역 미팅 의존도가 낮아지고 보

상플랜은 크게 단순해질 것입니다. 그러면 사람들은 제품에 좀더 치중하게 되겠죠."

결국 회사에 가입하고 나오는 절차가 유연해지면서 한꺼번에 여러 회사에 가입하는 것도 훨씬 더 간단해질 것이다.

이미 www.associate-it.com과 같은 웹사이트에는 선택할 수 있는 링크보상제도 사업이 1,000개도 넘는다. 그리고 미래의 네트워크 마케팅 사업자 역시 수많은 다단계 링크 보상제도 가운데 마음에 드는 하나를 선택하여 개인 전자상거래 사이트를 구축하게 될 것이다.

사이버 비행

미래의 네트워크 마케팅 사업자들은 무리 지어 다니는 새들처럼 자유롭게 사이버공간을 날아다닐 것이다. 그리고 그들은 서로 뜻이 맞으면 함께 뭉치고 더 나은 사업기회가 있으면 또 다른 회사를 찾아 떠날 것이다.

그들은 기업이 아니라 '사이버 군단' 으로 움직일 것이며 '사이버 군단' 은 일시적 · 비공식적으로 공동의 목표를 중심으로 뭉치게 된다. 그리고 첨단 정보통신을 이용하여 각자의 노력을 조율하며 수많은 회사와 연계하는 독립사업가들의 네트웍이 형성된다. 결국 앞으로 다가올 다단계 링크보상제도의 환경에서는 사이버 군단이 군림하게 되는 것이다.

이러한 환경 하에서는 복잡한 전자상거래 기능을 이용하여 누구나 자신의 웹사이트로 직접 판매를 하게 될 것이다. 그리고 자신의 인종, 사상, 이익단체, 하위문화 집단에 상관없이 자신에게 이로운 기회를 찾아 인터넷을 어슬렁거릴 것이다. 또한 제각각 크고 작은 수많은 사이버 군단이 엄청나게 다양한 제품과 서비스를 공유하고 판매하게 될 것이다.

제 4물결 - 턴키 시스템

네트워크 마케팅은 제 3물결기까지 성장과 번영을 누렸지만, 늘 비주류의 성격을 벗어나지 못했다. 그리하여 네트워크 마케팅 사업자들은 일반 비즈니스 업계에서 설자리가 없었던 것이다.

그들의 존재는 금융 전문지나 월스트리트 분석가의 보고서에서도 거론되지 않았고, 기업 이사회나 경영대학원 심포지엄에서도 거론되지 않았다. 즉, 그들은 완전히 다른 세상에 있었던 것이다.

하지만 제 4물결 시대가 밝아오자 네트워크 마케팅은 고립된 세계로부터 떨치고 일어나 그 모습을 드러냈다. 이제 네트워크 마케팅은 합법적인 마케팅 방식으로 널리 인정받고 있으며, 네트워크 마케팅의 성공사례들은 비즈니스 언론에서도 주목하고 있다.

다시 말해 네트워크 마케팅이 주류경제에 합류하게 된 것이다.

사람들은 이제 네트워크 마케팅을 틀에 박힌 기업고용의 한계를 극복하게 해주는 대안으로 보고 있다. 그리고 실제로 네트워크 마케팅은 대도시에서 중소도시에 이르기까지 비즈니스계 전체로 확산되고 있는 것이다.

제 4물결 방식

과거의 네트워크 마케팅 기업과 달리 제 4물결 기업들은 일반 기업 경제와 긴밀히 교류를 하게 된다. 즉, 그들은 네트워크 마케팅 유통 고속도로를 통해 핵심적인 제품과 서비스를 판매하는 것이다.

또한 제 4물결 기업은 기업구조조정을 걱정하는 수많은 근로자들에게 진정한 고용의 기회를 제공한다. 즉, 제 4물결 기업은 풀타임으로 뛰는 사람들에게는 생활이 가능할 정도의 소득, 파트타임으로 일하는 사람들에게는 적정한 추가수입, 본격적으로 사업을 추진하는 열정가에게는 거의 무한한 소득기회를 제공하는 것이다.

물론 과거에도 이런 기회를 약속하는 네트워크 마케팅 기업들은 많이 있었지만, 그 약속을 지키지 못하는 경우가 너무 많았다. 그러나 제 4물결 기업들은 그 꿈을 실현시키고 있다.

이 단계에 이르기까지 네트워크 마케팅 기업들은 오랜 세월에 걸쳐 다섯 가지 방면으로 발전을 거듭해 왔으며, 그 특징은 다음과 같이 요약할 수 있다.

정보화

제 4물결형 기업은 네트워크 마케팅 사업자에게 첨단 통신 서비스를 제공한다. 그리고 그들은 음성 사서함과 전자우편을 통해 자신의 판매 활동을 관리한다. 또한 회사는 비디오와 위성 TV 회의를 통해 메시지를 가정으로 곧바로 보내고, 사업자들은 주문자 팩스 전송 서비스와 인터넷 정보 검색을 통해 중요한 데이터를 마음대로 열람할 수 있다.

무한한 추진력

과거 네트워크 마케팅의 '철새' 들은 기하학적 성장주기에 돌입하기 직전에 있는 신규회사의 성장 이익을 노리고 이 회사 저 회사를 옮겨다니곤 했다. 하지만 그러한 회사들은 대부분 성장 단계에도 이르지 못한다.

그리고 비록 성장단계에 진입을 했더라도 그러한 회사는 성장 추진력을 소모하고 나면 곧 추락하고 만다. 네트워크 마케팅의 '철새' 들은 언제나 '한탕주의' 를 꿈꾸며 도박꾼처럼 행동하였으며, 그러한 자세는 사업을 성장시키는 방법으로 결코 좋은 모습이라 할 수 없는 것이다.

하지만 제 4물결 회사는 기업이 존속하는 동안 지속적인 성장 기회를 제공한다. 무엇보다 사업자들에게 외국시장을 개방하여 전 세계의 수많은 소비자들을 상대로 하여 사업을 구축할 수 있도록 하는 것이다. 또한 제 4물결 회사는 끊임없이 신제품을 소개하고 새로운 자회사와 브랜드를 도입하여 사업자에게 항상 새로운 시장을 창출하여 지속적인 성장을 가능하게 한다.

턴키 시스템

턴키 시스템은 사업의 일부를 단순화 혹은 자동화하여 사람들이 보다 쉽게 사업을 운영할 수 있도록 하는 방법 혹은 과정을 말한다. 그리고 턴키 시스템은 제 4물결 회사의 핵심적인 요소이다.

예를 들어 드롭 쉬핑 프로그램은 소매과정을 자동화해 주는 것으로 재고를 쌓아두고 직접 주문을 받아 고객에게 제품을 배달할 필요 없이 고객에게 PIN 번호만 주면 고객은 그 번호로 자신이 원

하는 제품을 웹사이트나 800번호를 통해 회사에 직접 주문하는
형식이다.

또한 리크루팅 비디오, 위성 방송, 자동 회신 기능을 갖춘 웹사
이트 등을 통해 신규가입자 모집활동 역시 자동화할 수 있다.

지속적인 커미션

과거의 네트워크 마케팅 회사들은 최고 위치에 있는 리더들에게
는 높은 커미션을 제공했지만, 하위 레벨의 사업자에게는 커미션
을 거의 지급하지 않는 경향이 강했다.

하지만 제 4물결 회사들은 보상플랜을 적당히 조절하여 부업으
로 하는 사람이나 전업으로 활동하는 사람 모두 어느 정도의 수입
을 올릴 수 있도록 한다. 물론 열심히 일하여 높은 매출실적을 달
성하는 사람들은 많은 커미션을 받게 된다. 그러나 제 4물결 회사
는 수익의 상당부분이 하위 레벨에까지 도달하도록 하고 있다.

하이터치 요소

혹시 기술지원을 받기 위해 컴퓨터 회사에 전화를 걸었다가 이
러이러한 웹사이트를 찾아가면 고객의 문의사항에 대한 모든 대답
이 나와 있다는 녹음 메시지를 들은 적은 없는가?

그리고 메시지를 듣고 난 뒤, 그 웹사이트에 들어갔는데 질문에
대해 실질적인 응답을 제공받지 못한다면?

아마도 자동응답 시스템을 가동하고 있는 기업이나 업체에 문의
를 했다가 낭패를 보았던 경험은 누구나 갖고 있을 것이다. 여기서
알아야 할 점은 '자동화'에는 한계가 있다는 것이다.

이러한 한계에도 불구하고 웹사이트 같은 인터랙티브 매체를 통해 일상적인 거래를 하는 사람들은 늘어가고 있으며, 그들은 한결같이 거래 과정을 인간이 안내해주고 문제해결을 도와주기를 바란다. 이러한 모순을 가리켜 미래학자 존 나이스빗은 '하이테크, 하이터치'라 명명하였다.

또한 그는 기술의 발전이 가속화될수록 인간의 따뜻한 관심에 대한 욕구도 더불어 높아질 것이라고 예견하였다. 바로 여기에 부응하는 것이 네트워크 마케팅이다.

네트워크 마케팅은 하이테크 요소와 더불어 하이터치의 요소도 겸비하고 있는 것이다. 즉, 인간적인 관계를 통해 제품을 판매하는 것이다.

따라서 제 4물결 네트워크 마케팅 사업자들은 결코 기술발전에 밀려날 걱정을 할 필요가 없다. 다만, 사업자가 제공하는 '하이터치' 요소로 '하이테크' 요소를 보완할 새로운 방법을 찾기 위해 꾸준히 연구 노력해야 한다.

제 4물결의 첫 걸음

21세기 네트워크 마케팅 사업자들은 제품관련, 웹 호스팅, 커미션 처리, 환율 등 복잡한 내용을 굳이 이해하려 애쓸 필요가 없다. 왜냐하면 그렇듯 복잡한 일들은 회사에서 모두 알아서 처리해 주기 때문이다. 따라서 사업자들은 그저 스위치를 누르고 일을 시작하기만 하면 된다.

21세기에 필요한 기술은 오직 '하이테크, 하이터치'뿐이다. 이 기술에는 사람들과의 관계가 무엇보다 중요하고 그러한 관계 속에서 사업기회를 평가하며 시장에서 유리한 고지를 점령하는 능력이 된다.

어찌되었든 제 4물결의 첫 걸음은 좋은 회사를 선택하는 데 있다. 다음의 단계에 따라 철저한 확인과 조사과정을 통해 회사를 선별하도록 하라.

1단계 : 유망한 제품이나 서비스를 선택한다.

2단계 : 업계에 떠도는 소문을 확인한다.

3단계 : 업계 전문지를 살펴본다.

4단계 : 언론의 평가를 확인한다.

5단계 : 불만사항을 확인한다.

6단계 : 재무상태를 확인한다.

7단계 : 소송전력을 알아본다.

8단계 : 목표회사의 성장단계를 알아본다.

9단계 : 윤리적인 기업을 찾는다.

10단계 : 제 4물결 기업인지 확인한다.

제 4물결 시대 7가지 성공 비결

21세기의 네트워크 마케팅 기업들은 사업자들에게 영웅적인 기업가적 창의성을 요구하지 않는다. 다만 사업자들은 회사에서 제시하는 간단한 원칙만 지키면 되는 것이다.

절대 포기하지 않는다

네트워크 마케팅에서 성공한 사람들의 이야기를 들어보면 고난과 절망을 딛고 일어선 경우가 대부분이다. 마찬가지로 제 4물결 혁명도 노력 없이는 이룰 수 없다. 열정을 지니고 노력해야만 성공할 수 있는 것이다.

성공자로 자리매김하기 위해 몇 년의 세월이 요구될지도 모른다. 그리고 그 과정에서 후퇴와 실망, 절망도 겪을 수 있다. 그러나 포기하지 않고 계속 가다 보면 결국 목표에 도달할 것이다.

리더를 찾는다

네트워크 마케팅에서는 기본적으로 후원을 해야만 사업이 번창하게 된다. 그리고 후원은 나를 가입시킨 사람 즉, 후원자가 나의 교육과 관리를 책임지게 된다.

그렇다고 나의 후원자가 반드시 나의 스승이 될 충분한 자격이 있는 것은 아니다. 그러므로 때로는 후원자의 후원자, 그 후원자의 후원자, 그 후원자의 후원자의 후원자… 중에서 경험과 기술을 두루 갖춘 후원자를 찾아보아야 한다.

이것은 절대로 부끄러운 행동이 아니다. 그리고 네트워크 마케팅 사업에서 후원자는 그 무엇보다 중요한 역할을 담당한다. 그러므로 자신에게 적합한 사람을 찾을 때까지 계속 노력하라. 능력있는 후원자를 확보하는 것이 제 4물결 사업을 시작하는 첫 번째 임무이다.

시스템을 따른다

회사의 시스템을 충실히 이행하고 자기 마음대로 바꾸려 하지 않아야 한다. 물론 당신의 업라인 중에는 다양한 사업전략을 구사하는 사람이 있을지도 모른다. 만약 후원자의 사업전략이 매우 효과적이었다면 후원자가 가르쳐주는 전략을 따르도록 하라.

후원자와의 관계에서 최대한의 이익을 끌어내고 싶다면, 경쟁하거나 다투지 않아야 하며 의심을 해서도 안 된다. 성실한 학생의 자세로 배우도록 하라.

후원자의 방식을 따르고 그 방식에 있어서 전문가가 되도록 하라. 그러면 언젠가는 자신만의 독특한 방법을 개발할 수 있을 정도로 경험을 쌓고 성공하게 될 것이다. 그 단계로 진입하게 되면 아마도 당신은 업라인 리더가 되어 있을 것이다.

하지만 옛말에도 있듯이 '가르치기 전에 먼저 배워야 한다'는 점을 명심해야 한다.

자기 자신을 말한다

네트워크 마케팅 사업자는 자기 자신에 대해 이야기한다. 자신의 삶, 목표, 꿈, 포부 같은 것에 대해 말하는 것이다. 그리고 자신의 이야기를 하는 동안 네트워크 마케팅 사업자들은 자신과 같이 일을 하도록 예상고객을 설득한다. 즉, 예상고객을 설득하여 자신처럼 사업자로서 회사에 가입하도록 하는 것이다.

개인적인 이야기는 예상고객의 공감을 끌어내는데 있어서 대단히 중요하다. 그렇다고 이야기가 특별해야 하는 것은 아니다. 그냥 있는 그대로의 사실을 편안하게 이야기하면 된다.

별다른 기대를 하지 않고 이 회사에 가입했다거나 큰 모험을 하고 있다거나 이 일이 어떻게 될지 모르지만 사업에 대한 믿음이 있으며 후원자가 사업 요령을 많이 가르쳐주고 있다고 말하면 된다.

그리고 그 다음은 후원자에게 넘기면 된다. 사업자가 이렇게 이야기를 해 놓으면 후원자의 사업설명이 훨씬 더 수월해지는 것이다. 왜냐하면 후원자의 지도를 신뢰하고 기꺼이 따르려는 사람이 있다는 것을 당신의 이야기를 통해 이미 확인했기 때문이다.

성공하면 할수록 당신의 이야기는 더욱더 상대방에게 확신을 안겨줄 것이다.

사업방식을 단순화한다

네트워크 마케팅 사업의 열쇠는 '복제'에 있다. 즉, 예상고객들에게 자기 자신이나 후원자가 하는 것을 그대로 모방하면 성공할 수 있다는 확신을 심어줌으로써 그들을 자신의 다운라인으로 참가시키는 것이다.

하지만 사업방식이 복잡하고 어렵게 보일수록 예상고객은 '복제'의 가능성에 대해 회의적인 반응을 보이고 그에 따라 도전 확률도 떨어지게 된다.

예를 들어 예상고객의 집을 방문하여 2, 3시간 동안 자세하게 사업설명을 해주어도 그 예상고객은 사업을 꺼릴 수도 있다. 왜냐하면 만나는 잠재고객마다 그렇게 2, 3시간씩 공을 들여가며 사업설명을 한다는 것이 그다지 쉬워 보이지 않기 때문이다.

하지만 10분 짜리 리크루팅 비디오 테이프를 건네주면서 "비디오를 보시고 잘 생각한 다음 이틀 후에 전화주세요"라고 말한다면 예상고객은 이 사업이 매우 단순하며 한 번 해볼 만하다는 결론을 내리게 될 것이다.

필요한 사람을 선별한다

예상고객들에게 사업에 참여하라고 매달리며 시간을 낭비할 필요는 없다. 스스로 사업에 대해 올바른 판단을 내리지 않고 억지로 참가하는 예상고객은 비록 참가시키는데 성공했다 할지라도 좋은 사업자가 되지 못한다.

정말로 필요한 사람들은 열의에 가득찬 사람, 일할 준비가 되어 있는 사람, 기꺼이 할 용의가 있는 사람, 지금 바로 시작할 수 있는 사람들이다.

물론 이 범주에 해당되는 사람들이 많지는 않겠지만, 찾아보면 분명히 있을 것이다. 그런 사람들을 찾을 때까지 끊임없이 노력하라. 그리고 필터로 이물질을 걸러내듯, 사업자로서의 자질을 갖추지 못한 사람들을 가려내도록 하라.

그렇게 하여 남은 사람들은 모두 강력하고 건실한 다운라인이 될 것이다.

다운라인을 후원한다

네트워크 마케팅에서 말하는 훌륭한 리더십은 '자신이 권유하여 사업에 참여시킨 사람들이 회사에서 좋은 경험을 하고 또한 돈을 벌도록 도와주는 것'을 말한다.

그리고 훌륭한 리더십을 발휘하기 위해서는 다운라인의 후원활동을 도와주고 자신이 리더에게서 배운 내용들을 그대로 가르쳐주면 된다.

물결을 타라

믿을 수 없을 만큼 간단하다

이미 각계각층의 수많은 사람들이 네트워크 마케팅 사업을 통해 성공을 거머쥐었다. 그들 중 어떤 사람들은 자신의 재능, 교육, 사업경험을 사업에 활용하는 반면, 또 다른 사람들은 성공에 대한 갈망 이외에는 아무 것도 투자할 것이 없는 사람들도 있다.

하지만 사업을 성공시킬 기회는 누구에게나 똑같이 주어진다. 즉, 네트워크 마케팅에서의 성공은 재능이 있거나 부자이거나 교육받은 사람에게만 돌아가는 것이 아니라, 제 4물결 시대의 일곱 가지 성공비결을 바탕으로 사업을 구축하는 모든 사람들에게 돌아가는 것이다.

네트워크 마케팅의 기술경쟁력

강력한 혁명을 불러일으키는 제 4물결의 추진력은 바로 '기술'에 있다. 즉, 21세기가 밝아오면서 네트워크 마케팅은 통신분야의 발전으로 인해 점점 힘을 얻어가고 있는 것이다.

그리하여 평범한 네트워크 마케팅 사업자들이 대기업 중역들을 무색케 할만큼 최첨단 기술을 익숙하게 사용하며 가상공간에서 일하고 있는 것이다.

네트워크 마케팅 사업을 본격적으로 하고 있는 네트워크 마케팅 사업자들은 이제 사업구축 과정에서 수백 혹은 수천 명의 세계인과 교류를 하고 있다. 따라서 소비자나 예상고객 그리고 동료들이 이웃 도시에 있거나 혹은 바다 건너 다른 나라에 있을 수도 있는 것이다.

하지만 사업자들은 길을 걷다가 만난 이웃을 리크루팅할 때와 똑같은 방법으로 바다 건너 다른 나라에 살고 있는 예상고객에게 사업에 참가하도록 권유할 수 있다.

그리고 예상고객은 우편물, 광고, 웹사이트, 전자우편을 통해 사업설명을 듣게 된다. 또한 좀더 자세히 알고 싶으면 주문자 팩스 전송 서비스나 전자우편 혹은 자동응답서비스를 통해 정보를 얻을 수도 있다.

이렇게 하여 예상고객이 사업에 참여하게 되면 네트워크 마케팅 사업자는 그를 자신의 다운라인으로서 원격회의나 위성 TV 회의에 참여시킨다. 이러한 자리에는 수천 명의 예상고객이 한꺼번에 참여할 수 있으므로 회사에서 진행하는 리크루팅 랠리가 이러한 방법으로 진행되기도 한다.

그리고 네트워크 마케팅 사업자는 호출기, 휴대전화, 웹사이트, 팩스, 전자우편, 음성방송 등을 이용하여 자신의 다운라인을 효율적으로 관리하게 된다.

인터네트워킹

네트워크 마케팅의 사업자들은 이미 수년 전에 인터넷을 네트워크 마케팅에 접목하려는 기획을 추진하고 있었다. 전세계의 수많은 기업들이 인터넷을 알맹이 없는 껍데기일 뿐이라며 무시하고 있을 때, 네트워크 마케팅의 사업자들은 이미 웹사이트 홍보와 전자우편을 통해 다운라인을 구축하고 있었던 것이다.

1996년 존 밀튼 포그(John Fogg)는 "네트워크 마케팅 사업자들은 인터넷을 자신의 사업에 성공적으로 활용하는 몇 안 되는 집단 중의 하나"라고 평가하였다. 그리고 그로부터 몇 년이 지난 지금에는 그러한 현상이 더욱더 두드러지고 있다.

페이스 팝콘은 세상의 변화와 네트워크 마케팅의 대응방법에 대해 이렇게 말하고 있다.

"네트워크 마케팅의 사업자들은 항상 유리한 기회에 눈을 돌립니다. 앞으로 네트워크 마케팅 사업에서는 인터넷을 점점 더 많이 이용하게 될 것입니다. 그리고 사람들은 점점 더 집안에서 모든 것을 해결하는데 익숙해지고 있으며 그들은 인터넷 세상에 살고 있습니다. 바로 이러한 변화에 네트워크 마케팅 사업이 적절하게 대처하고 있는 것입니다."

에이본의 네트워크 마케팅 사업 책임자인 월터 브라세로는 이렇게 말한다

"네트워크 마케팅은 곧 네트워킹이며 네트웍을 구축하는데 인터넷보다 더 빠른 방법은 없을 것입니다. 우리는 인터넷을 사업에 적극 활용하여 지렛대 효과를 얻으려 합니다."

인터넷을 이용하여 성공적으로 네트워크 마케팅 사업을 구축하는 요령은 다음과 같다.

인터넷을 사업구축 기술이 아닌 또 하나의 리더를 찾는 수단으로 생각해야 한다.

네트워크 마케팅은 리더를 키우는 사업이다. 그러므로 침실에서 속옷 바람으로 하루 8시간씩 컴퓨터 앞에 앉아 매 2분마다 e-메일을 검색하면서 자신에게 커다란 사업을 물어다 줄 사람으로부터 메시지가 오지 않을까 하고 기대하는 사람이 리더가 될 수는 없다. 우선 업라인, 다운라인, 예상고객에게 직접 연락하도록 하라.

인터넷은 리더를 찾는 또 하나의 방법일 뿐 인터넷을 통해 사업전체를 구축할 수는 없다.

리더를 찾으려면 우선 웹사이트를 만들어야 한다. 그리고 '집에서 할 수 있는 사업은 없을까?' 라는 방문객의 생각에 대답해 줄 수 있어야 한다. 그 다음에는 방문객의 e-메일 주소를 받으면 된다. 고객의 관심분야와 관련된 자료를 집중적으로 제공하면서 이러한 과정을 통해 모집한 사람들과 계속 e-메일로 연락하도록 하면 된다.

- 업계 현황에 대해 다룬 e-메일을 예상고객에게 발송하라.
- 회사, 제품, 보상플랜, 사업에 참여해야 할 이유, 사업시작, 세금혜택 등을 다루고 사후관리를 하라.
- 한 달에 한 번씩 사후관리 명단에 있는 사람들에게 메시지를 보낸다.

인터넷은 무연고시장보다 더 냉담하다.

인터넷은 그 특성상 신분의 비밀이 보장되기 때문에 사람들이

냉정하거나 거칠게 굴 수도 있다. 따라서 신뢰관계를 구축하기가 매우 힘들다. 대화를 시작하도록 하는 데에도 한 달이나 일 년 이상이 걸릴 수도 있다. 그러므로 인터넷에 전적으로 의존하지 말고 인간적인 교류와 병행하는 것이 중요하다.

인터넷 사이트를 널리 알린다.

인터넷에는 이루 다 헤아릴 수 없을 정도로 엄청나게 많은 사이트들이 존재한다. 그 속에서 예상고객을 자신의 사이트로 이끌기 위해서는 자신의 CD 명함을 충분히 활용하도록 하고 기존의 그룹 관리에 역점을 두어야 한다. 무엇보다 고객이 원하는 것을 제공함으로써 관심을 끄는 것이 중요하다.

온라인 네트워크 마케팅

실제로 많은 네트워크 마케팅 회사들이 이미 인터넷 공간에 소매점을 세웠다.

예를 들어 암웨이는 퀵스타(Quixtar.com)라는 가상공간에서 여러 회사의 수천 가지 제품과 서비스를 판매하고 있는 것이다. 퀵스타에서 제품이나 서비스를 구매하려는 고객은 자신에게 그 사이트를 소개해 준 암웨이 사업자의 PIN 번호를 입력해야 한다. 그리고 그 고객이 실제로 제품이나 서비스를 구매하면 사업자는 자동적으로 커미션을 받게 된다.

월드와이드 인터넷마케팅(www.futurenet-online.com)같은 회사는 웹사이트를 통해 제품만 판매하는 것이 아니라, 그런 사이트 접속에 필요한 웹 TV 장치까지 판매한다.

그리고 빅 플래닛(Big Planet)은 인터넷, 웹사이트 구축 요령, 웹 호스팅을 포함하는 실용 패키지 상품을 제공한다.

또한 MLM.com 웹사이트 역시 고속 성장을 하고 있다. 이 사이트는 1997년 크레이그 웨너홀름(Craig Wennerholm)과 그의 동업자들이 시작한 것으로 이 사이트의 '토론마당(discussion forum)'은 네트워크 마케팅에 관한 아이디어나 의견을 가진 사람들이 서로의 생각을 교환할 수 있는 만남의 장소를 제공한다.

따라서 그 사이트의 방문자는 네트워크 마케팅 기업들의 주가, 기업발표 등 새로운 정보를 얻을 수 있다. 그리고 네트워크 마케팅을 전개하는 수많은 기업들이 이미 웹사이트를 통하여 사업자들이 자신의 매출액과 다운라인 계보에 대해 최신정보를 열람할 수 있도록 자료를 제공하고 있다.

퀵스타와 맥도날드의 성공열쇠

다음은 암웨이와 맥도날드 성공의 열쇠가 되었던 10가지 원칙들로 이것은 앞서 이야기한 인터넷의 퀵스타(Quixtar.com)에 적용되고 있다.

기업가 정신

1955년, 레이크록이 맥도날드 시스템을 설립했을 때 그의 마음을 끈 것은 성취, 보상 그리고 무한한 기회의 가능성이었다. 그리고 리치 디보스, 제이 밴 앤델, 그들의 비즈니스 리더들이 1959년 암웨이를 설립했을 때에도 역시 그러한 열정이 그들을 사로잡았다.

성실성

맥도날드와 암웨이는 가맹점 점주들과 IBO(사업자)들의 성공을 위해 지속적으로 총력을 기울였다. 전체의 성공은 개개인의 성공에 달려 있다는 철학은 가맹점주들이 성공하도록 지원함으로써 스스로의 성공을 꾀해야 한다는 것으로 이어졌던 것이다.

장기적인 사고

맥도날드는 한 번에 한 가게에만 프랜차이즈 권리를 팔았고 암웨이의 성공적인 IBO들 역시 윤리적이고 장기적인 사고를 가지고 자신들의 사업을 발전시켜 나갔다.

상승효과

암웨이와 맥도날드 성공의 근본 원리 중의 하나는 그들이 하나의 거대한 회사를 세우는 능력뿐만 아니라 거대 회사들의 네트웍을 세우는 데도 뛰어난 능력을 가지고 있었다는 점이다. 맥도날드는 단순한 하나의 회사가 아니라 복잡한 파트너십으로 연결된 수백 개의 독립체 연맹이다. 그리고 전체가 각 부분을 합한 것보다 훨씬 더 거대한 암웨이의 세계적 IBO들의 네트웍도 마찬가지다.

열린 마음

맥도날드는 가맹점들이 내놓는 새로운 아이디어와 제안 그리고 정보에 대해 항상 열린 마음을 가지고 있다. 마찬가지로 암웨이는 항상 IBO들을 직원이나 고객이 아니라 동업자로서 대해 왔다.

위험을 감수하려는 자세

레이 크록 경영의 핵심적 요소는 기꺼이 실패를 무릅쓰고 실수를 받아들이려는 자세이다. 암웨이와 암웨이의 모든 성공적인 IBO들 역시 실패를 통해 배우고 그들이 어떠한 일시적인 어려움에 직면한다 해도 계속해서 성공을 위해 노력하는 자세를 견지한다.

교육 시스템

맥도날드의 햄버거 대학은 수 천 명의 가맹점주들에게 성공적인 맥도날드 레스토랑을 운영하는 이미 검증된 방법을 전수해 주었다. 마찬가지로 암웨이의 성공적인 IBO들은 전세계에 걸친 네트웍을 통해 IBO들을 교육시키고 후원하는 자신들만의 검증된 교육 시스템을 개발했다.

트렌드 예측하기

레이 크록은 맥도날드를 시작했을 때, 식품업계에 혁명이 일어나고 있다는 사실을 알고 있었다. 변화를 예측하고 이용했다는 점에서는 리치 디보스와 제이 밴 앤델도 마찬가지였다.

통일성과 창조성의 조화

맥도날드는 개인주의와 다양성의 힘을 희생시키지 않으면서도 가맹점들 사이에 통일성과 충성을 이끌어냈다. 즉, 통일성과 창조성의 조화를 이루고 있는 것이다. 암웨이 역시 소속 IBO들의 창조성과 암웨이의 검증된 비즈니스 모델을 절묘하게 결합시켰다.

맥도날드는 마케팅 파트너들과 군건한 동맹관계를 맺음으로써 프랜차이징 업계의 일인자로 올라설 수 있었다. 암웨이 역시 IBO 네트웍뿐만 아니라 많은 기업들과 호혜적인 관계를 유지하고 있다.

퀵스타(Quixtar.com)의 성공비결

퀵스타가 인터넷 혁명을 타고 등장한 벤처기업으로써 촉망을 받는 이유 중의 하나는 IBO 개발 플랫폼 곳곳에 깊숙하게 자리잡은 하이터치 마케팅의 시너지가 있기 때문이다. 이 외에도 여러 가지 다른 요소들이 퀵스타의 눈부신 성장을 이끌고 있다. 그 가운데 몇 가지를 살펴보도록 하겠다.

트랜드 분석

퀵스타(Quixtar.com)의 비즈니스 모델은 현재 폭발적 여세를 몰아가고 있는 신경제의 4가지 추세를 완벽하게 활용하고 있다.

첫째, 컴퓨터 판매의 폭발적 증가이다. 기술의 발달로 컴퓨터 가격이 하락하자 이제는 컴퓨터가 어느 가정에서나 볼 수 있는 생활필수품으로 자리잡아 가고 있다.

둘째, 인터넷 사용자의 급속한 증가이다. 전문가들에 의하면 2020년경에는 인터넷 사용 인구가 10억을 넘고 웹사이트 수는 1억 개가 넘을 것이라고 한다.

셋째, 온라인 쇼핑이다. 온라인 쇼핑 시장은 2003년 말에는 1천억 달러 규모로 커질 것으로 예측되고 있다.

넷째, 재택근무자가 늘고 있다. 미국 내에서만 해도 재택근무자는 1990년의 4백만에서 2000년에는 거의 1천6백만으로 늘어났다. 그리고 21세기에 홈 비즈니스의 규모는 더욱더 커질 것이다.

디스인터미디에이션(distintermediation)

온라인 쇼핑 붐의 부산물인 디스인터미디에이션 즉, 중간상들의 몰락은 전자상거래의 새로운 유행어 가운데 하나가 되었다. 즉, 생산자와 소비자의 거래를 돕는 사람들의 역할이 사라지게 되는 것이다.

결국 기존의 중간상 역할을 퀵스타가 대신함으로써 소비자들은 인터넷 디스인터미디에이션이 제공하는 보상과 혜택을 누리고, 중간상과 도매상에게 돌아갔던 수익이 할인혜택과 특가품의 형태로 사업자들에게 돌아가게 되는 것이다.

새로운 기술 및 비즈니스 모델

퀵스타는 보편적인 오프라인의 비즈니스 모델을 취하여 그것을 인터넷에 적용하는 과정에서 뭔가 새로운 것을 창조하며 또한 온라인이 퀵스타에게 완벽한 환경을 제공해 주고 있다.

퀵스타 생산라인

퀵스타는 통합 주문서비스 사이트로 이곳 저곳 돌아다닐 필요없이 한 곳에서 원하는 모든 것을 살 수 있는 원스톱 퍼스널 쇼핑 포탈이다. 다시 말해 낯익은 유명회사의 제품과 서비스를 하나의 웹사이트에 묶어 놓은 것이다. 따라서 온라인 소매업을 선도할 모든 조건을 갖추고 있다고 볼 수 있다.

닷 컴 사고

퀵스타는 20세기 소개 마케팅 산업에 그 역사적 뿌리를 두고 있으며 그 모델이 인쇄된 카탈로그를 사용하였고 전화로 주문을 했다는 점을 제외하면 전자상거래 웹사이트와 같다. 즉, 언제 어디서든 이 네트웍에 의해 집에서 상품을 주문하고 쇼핑할 수 있었던 것이다. 결국 퀵스타 모델은 100% 인터넷을 위해 만들어진 것이라 볼 수 있다.

첨단 인프라

퀵스타는 전자상거래 시장에 뛰어든 그 순간부터 자동화된 인프라의 혜택을 입어왔다.

우수한 고객 서비스

퀵스타의 고객, 회원 그리고 IBO들은 모든 가격, 정책, 기준이 분명하게 표시되어 있는 우수하고 쉽게 이용할 수 있는 웹사이트의 혜택을 보고 있다. 또한 수 백 명의 상담원들이 질문에 대답하고 이용안내와 도움을 주기 위해 항상 대기하고 있다. 만약 보다 개인적인 고객 서비스를 받고자 한다면 그들에게 퀵스타 사이트를 소개해 준 퀵스타 IBO들을 접촉할 수 있다.

공동체적인 삶

퀵스타는 공동체적인 삶을 강조하며 아무리 기계가 발달하더라도 결국 중요한 것은 사람이라는 점에 초점을 맞추고 있다.

성취지향적인 조직

인생에서의 성공은 성실성, 충성심, 끈기와 같은 올바른 태도를 얼마나 잘 사용하느냐에 달려 있다. 그리고 어떤 태도를 배워서 사업도 더 잘하고 전체적으로 보다 나은 사람이 되기 위해서는 사람들이 그러한 태도를 공유하는 환경 즉 성실성과 끈기 그리고 충성심의 가치를 높이 평가하는 환경에 푹 빠지는 것이 중요하다. 퀵스타와 관계를 맺은 사람들에게 있어 이러한 자질들은 사업을 전개하는 데 있어서 매우 중요한 요소이다.

윈-윈 전략

퀵스타는 다른 기업보다 훨씬 앞서서 전자상거래에 '개인적 관계의 창조'를 도입하고 있다. 따라서 퀵스타의 비즈니스 모델을 통해 사람들은 인터넷상에서 뿐만 아니라 실제 생활에서도 '관계를 맺고 팀을 구성하고 다른 사람들이 성공할 수 있도록 돕는 능력'을 발휘할 수 있는 것이다.

사업자에 의한 소개 광고

퀵스타는 사업자에 의한 소개광고로 막강한 홍보효과를 발휘하기 때문에 다른 기업들이 광고를 위해 쏟아붓는 수 천 만 혹은 수억 달러의 돈을 사업을 홍보하는 사업자들에게 제공한다.

특별한 가치

전자상거래에서 가장 중요한 것은 가치이다. 가치는 진정한 편리함이고 삶을 개선시키는 독특하고 품질 좋은 상품에 관한 것이다. 가치는 친숙하고 검증된 상표와 최상의 고객 서비스에 관한 것이며 사람들 사이의 믿을 수 있는 관계를 구축하는 것에 관한 것이다. 그리고 퀵스타의 최종 가치는 사업자들이 퀵스타를 이용하여 그들 자신과 그들의 가족을 위해 부를 창출하고 인생의 꿈을 이룰 수 있다는 데 있다.

누구에게나 기회를 제공한다

퀵스타의 IBO 옵션을 통해 사람들은 누구나 인종, 성별, 계층, 종교, 결혼여부, 직장경력 등에 상관없이 인터넷 혁명의 열매를 거둘 수 있는 기회를 갖게 된다. 단지 성공할 이유와 배우고자 하는 열의만 있으면 된다. 그리고 일할 준비만 하면 되는 것이다. 따라서 퀵스타의 리더가 되기를 원하고 기술혁명의 혜택을 누리고 싶은 사람은 누구나 참여할 수 있다.

기술 발전이 가져온 여유

모든 첨단 기술의 발전은 네트워크 마케팅 사업자들이 일상생활에 극적인 변화를 가져오게 된다. 실제로 네트워크 마케팅 사업자들은 사업 초창기에 신제품 발표나 이런 저런 회사의 공지사항을 전달하느라 하루의 절반은 전화를 붙잡고 살아야 할 정도였다.

하지만 각종 첨단장비와 통신기술이 발달하면서 신제품, 교육행사 특별홍보, 컨벤션, 보상플랜 변동사항 등은 물론이고 세계적인 대가들의 유명한 연설까지도 자신이 듣고 싶은 편안한 시간에 들을 수 있게 되었다.

예를 들면 위성방송은 매일 밤 끊임없이 걸려오던 전화에 시달리지 않고 여유롭게 저녁시간을 즐길 수 있도록 해주며 특히 음성사서함을 그때그때 확인하여 다운라인의 불평이나 불만사항을 처리해야 한다는 부담에서 해방시켜 주는 편리함을 제공한다.

물론 네트웍 사업에 새롭게 참여할 사업자들을 모집하는 것도 훨씬 더 쉬워졌다. 사업자들은 이제 예상고객들을 사업설명회까지 끌고 올 필요 없이 회사에서 주최하는 판매행사 방송을 함께 보는 시간을 마련하는 것으로 사업설명을 대신할 수 있게 된 것이다.

제5부
성공신드롬을 창조하는
21세기 네트워커

자유기업가의 비전

만약 당신이 이미 네트워크 마케팅에 참여하고 있다면 당신은 '자유기업' 이라는 비전 있는 마케팅에 참여하고 있는 앞선 행동가라 할 수 있다.

행동가는 뒤로 물러나 주저앉아서 잔머리를 굴리거나 머뭇거리지 않고 한 번 결단을 내리면 과감하게 돌진하는 추진력을 발휘한다.

네트워크 마케팅 사업에 뛰어든 사람이면 누구나 위대한 네트워커가 되기를 꿈꿀 것이다. 하지만 당신이 미래의 성공을 원한다면, 남보다 더 많은 노력과 더 많은 실천적 행동이 뒷받침되어야만 한다. 즉, 자신의 비전을 실현시키기 위해서는 꿈과 의지를 불태우는 그 이상의 것이 필요하다는 사실을 깨달아야 하는 것이다.

다시 말해 알맞은 수단과 도구, 지식, 준비, 실천이 일치되어야 하는 것이다. 이것은 곧 '성공을 위한 열쇠' 라고 할 수 있다.

성공을 위한 여섯 가지 열쇠

당신이 만약 성공을 원한다면 다음의 여섯 가지 조건을 숙지하고 행동하길 바란다.

자신이 구축해 놓은 그룹의 패러독스를 과감히 제거해야 한다.

왜냐하면 새롭고 신선한 정보 교류가 원활하게 이루어지도록 하는데 있어서 가장 큰 장애요소는 자기 자신이 설계하고 쌓아놓은 울타리이기 때문이다.

만약 당신이 그러한 울타리를 허물지 않는다면 좋은 정보를 갖고 있는 사람일지라도 당신에게 쉽게 접근하지 못할 것이다.

그리고 의외로 많은 사람들이 쉽게 범하고 있는 오류 중의 하나는 모든 것을 자기가 소속된 회사를 기준으로 하여 판단하려 한다는 점이다. 게다가 더욱더 위험한 것은 자신이 소속된 회사 이외의 다른 회사는 부적절한 회사로 치부해 버리기 때문에 결과적으로 정당한 회사는 하나도 존재하지 않는 꼴이 되고 만다는 사실이다.

자기 회사 혹은 자기 방식이 최고라고 자부하며 앵무새처럼 같은 이야기만 되풀이한다면 결국은 어떻게 될 것인가?

한 번쯤 자신의 울타리 밖을 내다보도록 하라!

끊임없이 변화되는 외부환경은 당신에게 새로운 사업지식을 습득하고 더 큰 경쟁력을 갖출 것을 강요하고 있다.

빨리 배우고 빨리 전달해야 한다.

디지털 시대의 움직임은 상상을 초월할 만큼 빠르게 변화된다. 따라서 작은 인풋(Input)의 정보력이라도 어떻게 활용하느냐에 따라 커다란 아웃풋(Output)의 성과를 가져오게 된다.

이러한 변화의 흐름 속에서 당신이 만약 정보의 가치를 모르고 흘려버리거나 정보에 무관심하다면 당신은 평생 남의 뒤만 쫓아가는 2류 인생으로 살아가게 될 것이다.

작은 것이라도 당신의 사업에 효과적이라면 빨리 배우고 빨리 전달하도록 하라. 그래야만 앞선 성취감을 느낄 수 있다.

만약 당신이 이 말을 이해하지 못한다면 10년 전의 당신의 모습과 현재의 모습이 얼마나 변화되었는지를 생각해 보라. 당신이 인생을 이끌면서 살아왔는지 아니면 당신이 인생에 끌려왔는지는 당신 자신이 더 잘 알 것이다.

개인과 그룹의 높은 목표치를 설정하여 그룹 사람들의 능력을 최대한 끌어올린다.

개인과 그룹의 목표가 없다면 사업을 전개할 자격이 없다고 해도 무방하다. 목표는 자신과의 약속이며 가야 할 방향이다. 이미 지나간 것에 연연할 필요는 없다. 중요한 것은 미래뿐이다.

오늘에 만족하지 말고 더 높은 목표를 향해 전진하는 것이 성공으로 연결되는 지름길이다.

매일 매일 시계추처럼 규칙적으로 왔다갔다한다고 해서 당신의 사업이 잘 되는 것은 아니다. 문제는 당신이 매일 규칙적으로 움직여도 목적의식이 분명하지 않으면 아무런 의미가 없다는 사실이다.

만약 당신이 차를 몰고 거리로 나섰다면 목적지 없이 달릴 것인가? 목적지 없이 달리다가 사거리가 나올 때마다 어느 방향으로 갈 것인지 망설이면서 쓸데없이 기름만 낭비할 것인가?

출발하기 전에 목적지를 결정하도록 하라.

그리고 가야 할 목적지가 있을 때에만 출발하도록 하라.

성공 시스템을 업그레이드한다.

당신이 알고 있는 기존의 시스템은 당신을 고전적인 사고의 틀 속에 가둬놓을 수 있다. 그러면서도 많은 사람들이 자신의 시스템이 가장 우수한 성공시스템인양 착각하기도 한다.

물론 과거에는 그러한 시스템도 훌륭했고 성공의 지름길이 될
수 있었다. 하지만 세상은 변했다.

당신이 아직까지도 고전적인 시스템에 매료되어 계속 다운라인
그룹을 매도한다면, 당신의 그룹은 머지않아 성장을 멈추게 될 것
이다.

과학의 발전은 벌써 시대를 앞서가고 또한 사람들에게 변화를
유도하고 있다. 따라서 변화의 물결을 수용하고 그에 적절하게 대
처하는 리더만이 진정으로 앞서가는 리더라고 할 수 있다.

자신을 객관적으로 평가한다.

당신은 어떤 자질을 지니고 있는가? 스스로에 대해 어떻게 생각
하는가? 네트워크 마케팅 사업자의 출발점은 바로 자기 자신에 대
한 평가서에 있다.

하지만 많은 사람들이 자신의 성향대로 이끌어 가는 리더십 때
문에 그룹 내에 불협화음을 조성하는 오류를 범하고 있다. 즉, 진
정한 리더는 자신의 개성과 특징을 타인의 입장에서 평가하고 수
정할 줄 알아야 한다는 사실을 망각하는 것이다.

특히 리더는 카네기 성공전략의 행동원칙인 '미 · 인 · 대 · 칭'
의 네 가지를 실천해야 한다. 그것은 곧 '만나는 사람마다 미소를
지어라, 인사하라, 대화를 유도하라 그리고 칭찬을 아끼지 말라'
를 의미한다.

이 네 가지는 당신을 평가하는 좋은 잣대가 되기도 하지만 사람
들이 당신을 처음 만나는 순간에 당신의 이미지를 각인시키는 요
소가 되기도 한다.

당신은 어떠한 모습으로 비춰지기를 바라는가?

그것은 당신이 어떻게 하느냐에 따라 달라진다.

자신보다 타인의 입장에서 배려한다.

현재 네트워크 마케팅 사업에서 활동하고 있는 수많은 리더들이 자신의 사업방식만이 최고의 사업 방정식이라는 생각을 지니고 있다. 즉, 자신의 생각, 자신의 교육시스템, 자신의 교육 스케줄이 다운라인들의 비즈니스 활동에 독소가 되고 있다는 사실을 전혀 생각지 못하는 것이다.

누구에게나 자신만의 고유한 생활습관이 있기 마련이다. 그런데 그런 점을 알면서도 다운라인들에게 변화를 유도한다는 명분을 내세워 그들의 습관이나 스케줄을 무시하고 강압적으로 미팅 또는 세미나에 참석할 것을 요구하는 오류를 범하는 것이다.

하지만 훌륭한 리더는 다운라인들을 존중하고 세심하게 배려함으로써 행동의 자유를 구속하지 않으면서도 건전하게 그룹을 육성해 나갈 줄 안다.

행동을 제어하는 두 가지 요소

네트워크 마케팅의 사업자는 '행동가' 이다.

그리고 보통 사람들은 세 그룹으로 나누어지는데 일부는 그저 주어진 일을 하면서 건성으로 살아가고 일부는 일이 자신의 의지대로 이루어지도록 노력하면서 살아가며 나머지는 구경만 하면서 살아간다.

당신은 어떤 사람이고자 하는가?

아마도 당신은 당신의 생각이 당신을 지배하고 있는 그대로 행동할 것이다.

사람들은 흔히 두 가지 요소에 의해 행동의 제한을 받게 된다. 그리고 그 두 가지 요소에 대해 노먼 빈센트 필은 이렇게 말하고 있다.

"나는 이 세상에서 가장 강력한 단어 두 가지를 말하고 싶다. 그 중 첫 번째 단어는 두 글자로 되어 있지만 산을 움직일만한 힘을 지니고 있다. 그것은 바로 '믿음'이다. 즉, 자신에 대한 믿음, 타인에 대한 믿음, 자신의 능력에 대한 믿음 그리고 자신의 미래에 대한 믿음이다. 만약 스스로에 대한 믿음이 없다면 그 누가 당신에 대해 믿음을 갖겠는가?

그 다음의 요소는 '믿음'을 없애버릴 수도 있는 강력한 단어이다. 이 단어는 세 글자로 되어 있는데 바로 '두려움'이다. 무엇인가를 할 수 없을 것이라는 두려움, 과거와 그 결과에 대한 두려움, 미래에 대한 두려움, 실패할 것에 대한 두려움 등이 그것이다. 하지만 사람들은 '믿음'보다 '두려움' 때문에 포기하는 경우가 많다."

두려움을 극복하는 다섯 가지 방법

가장 위대한 네트워크 마케팅 사업자가 되려면 두려움을 극복할 수 있는 다섯 가지 방법을 마음속에 간직해야 한다.

① 자기 자신을 믿는다.
② 자신감을 지닌 사람들과 사귄다.
③ 자신의 자신감을 완전히 점검한다.

④ '자기 자신'이라는 '배'의 '선장'이 된다.
⑤ 계속 바쁘게 행동한다.

자기 파괴적인 '두려움'을 극복하도록 돕는 것은 바로 당신의 목표이다. 그러므로 정보와 기술을 입수하여 복습하고 배우고 활용하도록 하라.

즉, 당신의 비전을 현실화시키는 데 필요한 지식과 더불어 두려움을 믿음과 자신감으로 승화시켜 당신 인생의 주인공이 되어야 하는 것이다.

성공률이 두 배이면 실패율도 두 배

긍정적 태도는 '성공'의 불을 켜는 스위치

누구든 스위치를 올리는 아주 손쉽고 간단한 조작만으로도 쉽게 불을 켤 수 있다. 그리고 우리가 '성공'이라는 불을 켤 때, 스위치와 같은 역할을 하는 것이 바로 '태도'이다. 결국 자기의 태도를 주도하고 통제하는 것이 가장 강력한 성공비결인 것이다.

이것은 위대한 성공자들을 보면 알 수 있는데, 그들은 한결같이 그러한 면에 있어서 기술이 뛰어났었다.

'태도'의 측면에서 볼 때, 사람들은 크게 두 부류로 나눌 수 있다. 하나는 자기 태도의 주인 역할을 담당하는 사람이고 나머지 하나는 자기 태도의 하인 역할을 담당하는 사람이다.

어떻게 하면 자기 태도의 주인이 될 수 있을까? 어떻게 하면 위급한 시기에도 용기를 갖고 의연하게 대처할 수 있을까? 그 해답은 너무나 간단하다.

즉, 남보다 몇 배로 성공한 사람들은 마음속의 TV 스크린에서 자신의 성공적인 하이라이트 장면을 끊임없이 반복하여 방영하고 있는 것이다.

나이팅게일 백작은 성공을 두고 이렇게 말했다.

"성공이란 가치있는 이상의 적극적인 실현이다."

그는 17년간의 연구 끝에 이러한 정의에 도달하게 되었으며, 1989년 세상을 떠날 때까지 40년간 사용하였던 것이다.

나의 성공은 곧 다른 사람들을 위한 '선물'이다.

실제로 성공습관을 만들어내는 것은 이기적인 것과는 정반대이다. 정말로 이기적인 것은 자기연민과 평범함 속에서 허우적거리는 것이며 또한 성공을 위해 한 번도 노력하지 않은 채, 움츠리고만 있는 것이다. 그것이야말로 바로 자기중심적인 태도이다.

성공은 지금 당신을 향해 다가오고 있다.

그러므로 용기를 갖고 그 성공을 거머쥐어야 한다. 스스로에게 힘을 부여하라. 그리고 그렇게 하려면 스스로에게 힘을 부여하도록 질문을 하라. 즉, 포커스를 정하고 행동의 방향을 잡아주는 질문을 하는 것이다.

첫째, 이 일의 좋은 점은 무엇인가?

둘째, 이 일에서 무엇을 배울 수 있는가?

셋째, 이 일에서 성공하려면 어떤 변화가 필요한가?

이것은 긍정적 · 열정적 태도를 구축하고 유지해주는 강력한 질문이다.

자신이 언제나 마음속에 그리고 있는 결과물을 얻기 위해서는 변화가 필요하다. 이것은 성공한 사람들에게서 이미 확인된 한 가지 특성이다. 성공자들은 변화에 유연할 뿐만 아니라 변화를 사랑한다. 그리고 그들은 변화에 대한 열정을 지니고 있다.

실패에 대한 공포를 정복하라

세일즈 중에서 가장 중요한 것은 바로 자기 자신에 대한 세일즈이다. 흔히 "나는 세일즈 체질이 아니야"라고 말하는 사람들이 있긴 하지만, 그것은 진실이 아니다. 다만, 그들은 세일즈에 대해 그리고 자기 자신에 대해 부정적 믿음을 갖고 있을 뿐이다.

모든 부정적 믿음은 공포로 귀착된다.

공포는 우리에게 상처를 주고 목적과 목표를 달성하지 못하게 방해한다.

공포는 각자가 반드시 정복해야 할 대상이다.

반역죄로 기소돼 총살형을 선고받은 어떤 사람이 있었다. 드디어 북이 울리고 그는 사형집행관 앞에 섰다.

총사령관이 말했다.

"너에게 선택권을 주겠다. 운명을 받아들여 총살형을 받고 죽든지 아니면 저기 있는 검은 문을 지나가든지 둘 중의 하나를 택하라"

그리고 2시간 동안 생각할 시간을 주었다. 2시간이 흐른 후, 그는 감옥 마당에 다시 나와 손이 묶이고 눈가리개를 한 채 처형대 앞에 서게 되었다.

총사령관이 물었다.

"어느 쪽을 택할 텐가?"

"저 검은 문을 열면 어떤 일이 생길지 도저히 모르겠소. 어쩌면 더 끔찍한 운명이 기다리고 있을지도 모르지. 안 돼, 차라리 총살형을 택하겠소"

결국 사형집행 명령이 떨어지고 그는 땅에 쓰러져 죽었다. 한 부관이 총사령관에게 물었다.

"사령관님, 저 문 뒤에 뭐가 있었습니까?"

사령관은 무표정하게 대답했다.

"그것은 자유였네"

이 이야기는 사람들이 미지의 세계를 가장 두려워한다는 사실을 잘 말해주고 있다. 그리고 미지에 대한 공포는 위험을 피하려는 욕구에서 나온다.

위험은 대개 불안을 의미한다.

그렇기 때문에 '위기'는 '위험'과 '기회'라는 두 글자로 이루어져 있는 것이다. 그런데 사람들은 불안을 줄이기 위해 미지의 것을 피하려는 경향이 강하다.

미지의 것에 직면하는 것은 곧 미지에 대한 도전을 받아들이는 것이다. 그리고 도전을 받아들이기 위해서는 자기 단련이 필요하며 스스로에 대한 믿음을 가져야만 한다.

미지의 세계에 도전해 보라!

그러기 위해 당신은 당신이 알고 있는 영역을 뛰어넘어야 한다.

즉, 자신이 모른다고 생각하는 것까지도 뛰어넘어야 하는 것이다. 그리고 더 나아가 모른다는 사실조차 깨닫지 못하는 영역에까지 이르러야 한다. 바로 이 부분에 인생과 성공의 최대 가능성이 놓여 있다.

그 다음으로는 실패에 대한 공포를 정복해야 한다.

우리가 흔히 '실패'라고 부르는 것의 가치를 변화시킬 때 공포가 극복된다. 토마스 에디슨은 이렇게 말했다.

"성공률을 두 배로 높이려면 실패율도 두 배로 높여야만 한다."

실패는 성공을 거두기 위한 필수요소이다. 이 지구상에 그 누구도 커다란 실패없이 커다란 성공을 거둔 사람은 없는 것이다.

링컨은 직장에서 해고당하고 의원 선거에서 낙선했으며 파산 선고를 받은 적도 있었다. 그리고 어렵게 의원에 당선되었으나 사랑하는 사람이 죽었고 그는 신경 쇠약에 걸렸다. 게다가 그는 하원의장직에서 패배하기도 했다.

하지만 그는 모든 역경을 딛고 1860년에 마침내 미합중국 대통령이 되었다. 이제 미국 역사상 가장 위대한 업적을 남긴 링컨 대통령을 그 누구도 실패자라고 부르지 않는다.

누구에게나 시간은 있다

현대를 살아가는 사람들은 누구나 바쁘게 하루하루를 보낸다. 늘 시간에 쫓기고 심지어는 밥 먹는 시간조차 쪼개가며 일을 하는 사람들도 있다.

하지만 누구에게나 주어지는 시간은 하루 24시간뿐이다. 아무리 훌륭한 특권을 누리는 사람일지라도 그 이상의 시간을 부여받을 수는 없다. 하지만 시간이라고 하는 것은 어떻게 운용하느냐에 따라 24시간을 25시간 30시간 혹은 20시간으로 만들 수는 있다.

당신은 하루 24시간을 어떻게 활용하고 싶은가?

특히 수 백 만 명에 달하는 네트워크 마케팅 사업자들이 하루 24시간 중 일부를 쪼개 파트타임으로 일을 하면서 성공적으로 사업을 구축하고 있다는 사실을 알고 있는가?

당신은 아직도 "하고는 싶지만, 시간이 없어서요"라는 말을 하고 있는가!

곰곰이 생각해 보자. 일 주일이면 당신에게 168시간이라는 엄청난 시간이 주어진다. 그러면 그 시간들은 모두 어디로 가 버렸단 말인가!

활동	시간	일 주일에 남는 시간
수면	하루 8시간 일주일에 56시간	112시간
풀타임 근무	하루 8시간 일주일에 40시간	72시간
출퇴근	하루 2시간 일주일에 10시간	62시간
식사	하루 2시간 일주일에 14시간	48시간
가족 및 오락	하루 2시간 일주일에 14시간	34시간
기타	하루 2시간 일주일에 14시간	20시간

A.C. 닐슨 조사에 따르면 미국인은 평균 일 주일에 49시간 동안 TV를 시청하는 것으로 나타났다. 이것은 어쩌면 당신도 마찬가지일지도 모른다. 아니, 그 이상으로 TV 앞에 매달려 여가시간을 메우고 있을지도 모른다.

TV에 매달리는 습관으로 인해 당신은 얼마나 많은 돈을 낭비하고 있는 것인가?

1년에 500만원? 1,000만원? 아니며 그 이상일까?

TV 보는 습관을 과감히 떨쳐버리고 만약 그 시간동안 파트타임으로 일을 시작한다면 당신은 아마도 부자가 될 수 있을 것이다. 만약 당신이 일 주일(6일 기준)에 최소한 60시간 정도를 낼 수 있다면 네트워크 마케팅 사업의 전업자라 할 수 있다. 하지만 부업으로 시작한다면 일 주일에 최소 20시간 정도 즉, 하루에 3, 4시간 정도를 내면 되는 것이다.

결국 쓸데없이 낭비하는 시간을 줄이고 주중에 3시간 정도 그리고 주말에 5시간을 내면 미래의 행복을 위해 훌륭한 투자를 하는 셈이 되는 것이다.

누구에게나 똑같이 주어지는 것을 최대로 활용하려면 계획을 세워 낭비를 최대로 줄이는 수밖에 없다. 오늘의 한 시간은 내일이면 두 시간이 되고 일 주일이면 일곱 시간이 된다. 이것을 일 년으로 환산해 보라. 그러면 당신은 다른 사람에 비해 얼마나 앞서가게 되겠는가!

나이팅게일 백작(Earl Nightingale)의 다음과 같은 말은 의미하는 바가 크다 하겠다.

"나는 시간을 관리한 적이 없다.

아무도 시간을 관리할 수는 없다.

시간은 관리할 수 있는 것이 아니다.

나는 단지 나의 행동을 관리할 뿐이다."

성공하는 7가지 습관

스테판코비는 '성공'은 사업성취 욕구가 얼마나 강력하고 열정적인가에 달려 있다라고 했다. 그러므로 성공하기 위해서는 다음의 일곱 가지 습관을 당신의 네트워크 마케팅 사업에 적용시킬 필요가 있다.

첫째, 능동적이어야 한다.

유능한 네트워크 마케팅 사업자는 사업의 성격상 적극적인 자세를 지니고 있다. 즉, 효율적인 네트워크 마케팅 사업자는 수동적이기보다 능동적인 것이다.

그렇기 때문에 다른 사람이 만들어 놓은 직장에서 일자리를 채우고 있기보다는 스스로 일자리를 만들어 성공의 발판으로 삼으려 한다. 또한 본인이 창설하기 전에는 존재하지 않았던 조직을 통해 보상을 받는다.

그리고 이러한 조직을 구축할 수 있는 능력은 자신의 영향력을 넓혀 나가고자 하는 결심에 달려 있다는 것을 잘 알고 있다. 나아가 조직 다운라인의 생산성, 윤리, 성공은 자신이 매일 세워 놓는 모델에 의해 형성된다는 것도 알고 있다.

따라서 유능한 사업자는 자신의 감정이나 욕구에 따르지 않고 가치관에 따른다. 또한 적극성은 얻어지는 것이 아니라, 스스로 개발해야 하는 자질임을 알고 열심히 노력한다.

둘째, 처음과 끝을 일관성 있게 해야 한다.

목표를 세웠다면 반드시 달성하도록 노력하고 또한 자신의 마음을 확실한 원리에 따라 프로그램화 시켜야 한다. 그리고 모든 기회에 대해 명확하고 구체적이며 측정 가능한 결과와 그 결과를 달성하고자 하는 의지를 가지고 접근해야 한다.

셋째, 중요한 일에 우선 순위를 둔다.

사업의 장기적인 성공을 위해서는 돈보다 근본원리를 세우고 행동해야 한다. 남이 아닌 스스로가 자신을 통제할 수 있는 유능한 시간 관리자가 되어야 하는 것이다. 또한 자신의 성실함 속에는 가족에 대한 의무와 행동 이외에도 시간에 대한 약속도 포함되어 있다는 사실을 잊지 말아야 한다.

그리고 근무시간에 산만해서는 안 된다. 왜냐하면 할당된 시간 동안의 노력으로 가족에게 물질적 지원을 해주어야 하기 때문이다.

또한 사업을 할 때는 쉽고 재미있는 일에 앞서 가장 중요한 일을 먼저 해야 한다. 무엇보다 그룹의 인적자원, 특히 자기 자신에 대해 유능한 관리자가 되어야 하는 것이다.

넷째, 윈/윈(Win/Win)을 생각한다.

모든 사람이 승리할 수 있는 게임을 개발하여 운영하라. 개인적인 이기심이나 시기심 등으로 네트워크 마케팅에 대해 적개심을 갖는 일이 없도록 해야 하는 것이다.

네트워크 마케팅은 그 성격상 다른 사람이 성공하도록 도와주면 도와줄수록 자신에게 더 많은 보상이 따라온다. 따라서 성실과 파트너 관계로 발전할 수 있는 신뢰를 바탕으로 한 관계 그리고 무엇보다 지성을 겸비한 성숙한 인격을 필요로 한다.

결국 '윈/윈'은 거래에 있어 최상의 수단인 것이다.

다섯째, 먼저 이해하고 나서 이해를 구한다.

사람들은 보통 상대방이 자신에게 얼마나 관심이 있는지를 알기 전까지는 상대방에 대해 그다지 관심을 기울이지 않는다. 하지만 유능한 네트워크 마케팅 사업자가 되려면 청취 전문가가 되어야 한다.

즉, 성공하려면 모든 해답을 알고 있어야 하는 것이 아니라, 모든 질문을 수용할 수 있어야 하는 것이다.

이해받고자 하기 이전에 먼저 이해하도록 하라.

자신의 이야기를 효과적으로 전달하려면 상대방의 이야기를 잘 이해하고 있어야 한다.

여섯째, 협동한다.

경쟁보다 협력을 선택하라. 너무 거만하거나 자존심이 강해 다른 사람들의 도움을 요청하지 못하거나 혹은 너무 바빠서 도움을 주지 못하는 경우가 없도록 하라.

다른 사람들에게 신뢰감을 쌓을 수 있는 기회를 만들어야 하는 것이다. 그렇게 하면 자신감과 효율성을 쌓을 수 있고 더 나은 결과물을 얻을 수 있다.

일곱째, 균형을 유지한다.

유능한 네트워크 마케팅 사업자는 신체적, 정신적, 감정적, 영적 건강을 돌보고 모든 면에서 균형을 유지하기 위해 노력한다. 즉, 사업과 놀이, 운동과 휴식, 확대와 축소의 균형을 유지하는 것이다.

또한 인생과 일에 있어서 지속적으로 성공을 거두기 위해서는 재창조가 필요하다는 사실도 잘 알고 있다.

사업구축을 완성하고 미래를 시각화하라

전인류 산업의 원동력을 송두리째 변화시키고 있는 칼스혁명 (CALS:Computer Aided Logistic Support)은 미국에서부터 불기 시작한 미래의 물결로 이것은 모든 하드웨어적 기능을 하나의 통합된 소프트웨어로 묶어 운용하는 정보화 사회를 실현해가고 있다.

다시 말해 칼스혁명은 통합 지능의 기업 그리고 통합 지능의 행정과 교육이 다시 통합되는 통합 지능형 국가를 가능하게 해주고 있는 것이다.

과거의 산업사회에서는 순차적 업무처리, 계층적 변화가 생산성 향상에 기여해 왔지만, 정보화 사회에서는 계층적 구조를 최대한 줄이고 각 업무의 기능별 단위도 정보시스템을 이용하여 동시적 · 통합적으로 단순 처리하게 되므로 시장변화에 민첩하게 대응하게 된다. 그렇기 때문에 선진국들은 칼스혁명을 통해 정보화 사회의 주도권을 잡기 위해 치열한 각축전을 벌이고 있는 것이다.

좋든 싫든 이제 우리는 산업기반을 한 차원 높이기 위해 미래에 다가올 변화를 수용하고 거기에 편승하는 지혜가 필요하다. 광속으로 다가오는 정보고속도로의 발전은 '무엇을 왜 어떻게 할 것인가를 아는 사람과 모르는 사람, 즉 정보의 빈부계급을 형성할 것'이고 이른바 이 세상을 정보를 가진 자와 못 가진 자로 구분짓게 만들 것이다.

그러면 우리가 미래를 예견하는 중요한 산업의 실체를 알아보자.

정보화 시대에 있어서 컴퓨터의 역할은 산업화 시대의 자동차와 비례한다. 자동차의 등장은 뒤이어 일어난 대변동에 비하면 차라리 서막에 불과했음을 우리는 이미 알고 있다.

역사적으로 볼 때, 자동차가 등장하고 난 뒤에 고속도로가 건설되었고 비행기가 날아다녔으며 우주선이 우주 탐사를 시작하였다.

이와 마찬가지로 컴퓨터의 등장은 더 거대한 변동이 일어날 서막에 지나지 않는 것이다. 인터넷이라는 초고속도로는 건설의 망치소리가 한창이고 그 전자 고속도로를 따라 쇼핑센터와 상점들이 우후죽순 생겨나고 있다.

이미 인터넷 사이버 공간을 통한 고속도로 위에 수없이 많은 기간산업의 정보망과 산업시설들이 건설되어 지리적, 시간적, 공간적 개념을 뛰어넘는 사업방식이 시작되고 있는 것이다.

이제 중요한 것은 우리가 문명의 물결을 타고 사업을 발전시킬 것인가 아니면 구세대 방식의 사업을 계속 유지할 것인가 하는 것이다. 그리고 우리가 알고 있어야 하는 점은 사업적 도구로써 인터넷을 활용하는 것은 사업적 잠재력 면에 있어서 그 결과가 판이하게 다르다는 사실이다.

그리고 무엇보다 중요한 것은 인간이 도구를 다루는 것이지 도구가 인간을 다루는 것이 아니라는 점이다. 컴퓨터도 결국 하나의 도구일 뿐이며, 인터넷을 통한 성공도 다루는 사람에 의해 결정되기 때문이다.

이렇듯 세계 경제가 '산업화 시대'에서 '초고속 성장시대'로 옮겨가면서 많은 변화(기회도 함께)가 순식간에 일어나고 있다. 하지만 성공을 결정짓는 것은 환경이 아니라 그러한 환경에 어떻게 대응하고 반응하는가에 달려 있다.

그리고 여기서 말하는 '어떻게'는 바로 '태도'와 '자세'를 말한다. 이제 당신은 변화의 기회를 이용할 것인지 아니면 변화가 당신을 이용하도록 내버려둘 것인지를 결정해야 하는 것이다.

'변화'라고 하는 것은 거부할 수 없는 물결이다.

수년 동안 당신이 어떻게 변해왔는지를 생각해 보라. 학창시절 입었던 옷을 그대로 입고 있는가? 당신의 스타일은 어떻게 변했는가? 아직도 10년 전에 이웃하고 있던 사람들과 한 마을에서 살고 있으며 또한 부모님과 한 집에서 살고 있는가? 아직도 10년 전의 음악을 듣고 10년 전의 차를 몰고 있으며 10년 전의 친구들과 어울리고 있는가?

물론 그렇지 않을 것이다. 당신은 과거로부터 현재의 환경으로 변해왔다. 그렇지 않은가? 당신은 끊임없이 성장하고 변해왔다.

이렇게 상투적인 이야기를 늘어놓는 이유는 바로 '인생은 변화와 함께 한다'는 것을 말하고 싶어서이다. 변화는 절대로 나쁜 것이 아니다. 그리고 피할 이유도 없다. 변화는 껴안아야 한다. 왜냐하면 변화의 시기가 바로 기회의 시기이기 때문이다.

당신이 예전의 방식대로 사업을 전개하든 인터넷을 통해 사업을 전개하든 결국 '사업'이라고 하는 것은 '인간'이 하는 것이다. 그리고 당신이 어떤 사업에 종사하든 당신의 성공은 다른 사람들과 대화를 나누고 이야기를 듣고 매료시키고 도와주고 물건을 팔고 가르치고 훈련시키고 영감을 주고 사랑하는 능력에 좌우된다.

전화를 거는 사람이 없으면 전화기가 한낱 장식품에 불과하듯, 컴퓨터를 사용하는 사람이 없으면 그 위력적인 도구 역시 아무런 의미를 갖지 못한다. 결국 컴퓨터는 인간의 삶을 풍요롭게 해주는 도구에 지나지 않는 것이다.

사람은 누구나 편하게 일하고 마음껏 삶을 즐길 수 있기를 바란다. 하지만 아무리 꿈이 좋다고 하더라도 경제적으로 뒷받침이 되지 않는다면 그러한 삶은 누릴 수 없다.

실제로 수많은 사람들이 미래의 꿈을 위해 혹은 안락한 삶을 위해 열심히 일하고 도전을 했지만 성공의 벽은 너무 두텁게만 다가

왔다. 크게 성공한 사업가들의 조언도 듣고 대화도 나누고 경영에 관한 책도 읽고 세미나에도 참석해보지만 결과는 항상 마찬가지이다.

그렇다면 당신을 성공의 길로 안내하는 '꿈의 사업'은 어떤 특징과 기능을 지니고 있어야 하는가?

첫째, 인세수입이 있어야 한다. 한 번 작곡한 음반이 팔릴 때마다 지속적인 수입이 보장되거나 아니면 베스트셀러 작가가 되어 팔리는 책마다 인세를 받는 사업은 어떠한가?

둘째, 한 곳에만 시장이 있는 것이 아니라 전국곳곳 아니면 국제적인 시장을 생각하며 무한대로 사업영역을 확대할 수 있는 사업이어야 한다. 그것은 과연 무엇일까?

셋째, 내 의지대로 사고 팔 수 있는 사업이어야 한다. 내가 일한만큼 소득을 올릴 수 있는 사업은 무엇일까? 그리고 지속성이 있는 효과적인 자영사업은 무엇일까?

넷째, 복제가 가능해야 한다. 누구나 할 수 있는 시스템 그리고 판매방식을 간단하게 배우고 전달할 수 있어야 하는 것이다.

다섯째, 작은 비용으로 최고의 소득창출이 가능해야 한다. 최소의 유지비용만으로도 사업이 가능해야 하며 또한 재택사업이 가능한 사업이어야 한다.

위의 다섯 가지 특징과 조건을 모두 충족시키는 사업이라면 당신은 틀림없이 성공할 수 있을 것이다. 하지만 진정한 '꿈의 사업'은 반드시 이 다섯 가지 특징을 모두 만족시켜야 한다는 사실을 명심해야 한다.

이 다섯 가지 중에서 네 가지를 충족시킨다고 해도 충분하지 못

하다. 그 사업도 결국은 꿈의 사업이 갖는 특징을 지니고 있기는
하지만 전통적인 사업에 지나지 않기 때문이다. 이것은 전화 다이
얼을 돌리는 것과 마찬가지의 이치이다. 전화는 다이얼 하나만 돌
리지 않아도 연결되지 않는 것이다.

꿈의 사업도 마찬가지이다. 앞에서 설명한 다섯 가지 특징 가운
데 하나라도 빠지면 원하는 결과를 얻을 수 없게 된다.

성공을 원한다면 정보를 공유하라.

정보를 가진 자는 못 가진 자에게 관심을 기울여라. 그룹의 사람
들이 무엇을 필요로 하는지를 파악하고 소외된 계층에게 지식을
나눠줌으로써 삶의 의욕이 넘치게 하는 불씨가 되도록 하라.

목표를 향해 전진하라

실천에 있어 후퇴란 없다

실천을 할 때, 후퇴를 생각해서는 안 된다. 왜냐하면 새로운 가
능성의 세계는 '실천'에 의해서만 열리기 때문이다. 그리고 이 가
능성의 세계는 안락함을 추구하는 사람들에게는 결코 모습을 드러
내지 않는다.

괴테의 "당신이 무엇을 할 수 있든 혹은 무엇을 꿈꾸든 무조건
시작하라. 대담함은 그 안에 힘의 마력과 천재성을 지니고 있다"
는 말을 되새겨보도록 하라.

'실천'의 원동력은 '성공하기 위해서라면 어떠한 대가라도 치르

고자 하는 정신'이다. 물론 이것은 사람들이 어떤 결정을 내릴 때 특히 네트워크 마케팅 사업을 시작하고자 결심할 때와는 다르다. 왜냐하면 오늘 쉬워 보이는 일이 내일은 쉽지 않을 수도 있기 때문 이다.

진정한 성공은 이러한 실천의지를 행동으로 구체화시킨 사람들 만이 누릴 수 있다.

네트워크 마케팅을 시작하는 사람들은 대부분 부업으로 사업을 시작해서 본업으로 할 수 있을 만큼 충분한 돈을 벌고자 한다. 하 지만 직장에 다니면서 가족을 돌보고 나면 예상고객을 만날 수 있 는 시간이 부족하다. 또한 예상치 못했던 사건이나 약속이 발생하 여 예상고객을 찾을 시간이나 프리젠테이션 일정을 망치기도 한 다. 하지만 일이 이렇게 진행되는 것에 대해 불평불만을 늘어놓을 것이 아니라, 예기치 못한 사건에 대비를 하면서 지속적으로 목표 에 부합되는 사람을 찾는 것이 보다 현명하다.

그리고 적절한 기회를 포착하려면 명확하고 장기적인 목표를 기 준으로 구체적인 목표를 세우는 것이 무엇보다 중요하다. 성공과 부는 목표를 정확히 인식하고 더불어 목표와 관련된 기회를 포착 할 수 있을 때, 얻을 수 있는 것이다.

교통지옥 속에 갇혀 있다면 차창을 내리고 옆 차의 사람들과 이 야기를 나누도록 하라. 차례를 기다리기 위해 지루하게 줄을 서 있 다면 앞뒤의 사람들과 대화를 나눠라. 잘못 걸려온 전화일지라도 상냥하게 이야기를 시작하도록 하라. 눈과 귀를 열고 그리고 마음 을 열고 기회를 잡아야 하는 것이다. 성공에 대한 기대감을 갖고 열심히 노력하라.

네트워크 마케팅에서 성공할 수 있는 열쇠는 자신의 행동계획, 목표, 비전에 맞춰 매일매일 실천해 나가는 데 있다. 결코 즉흥적인 감정에 따르는 것이 아니다.

하지만 대부분의 사람들은 자신의 감정에 따라 좌우된다. 즉, 그들은 전화를 걸고 싶을 때만 걸고, 걸고 싶지 않으면 걸지 않는 것이다. 그러나 불행하게도 우리 주변에는 사업을 위해 반드시 필요한 일들을 거부하게 만드는 요소들이 수없이 널려 있다.

결국 중요한 것은 당신이 좋든 싫든 자신과 자신의 계획에 대한 실천의지를 존중하면서 이것을 실천해야 한다는 점이다. 즉, 당신의 사업을 앞으로 힘있게 전진시켜 나가기 위한 지름길은 당신의 실천의지에 규칙적으로 따르도록 스스로를 훈련시키는 일이다.

조직화는 성공적인 활동을 위한 주춧돌이다

네트워크 마케팅의 성공은 조직화로부터 시작된다. 그리고 이것을 위해서는 우선 성공에 필요한 모든 요소를 갖추도록 스스로를 훈련시켜야 한다. 자기 자신에게 성공습관이 몸에 배어야 다운라인 사업자들에게도 그것을 그대로 전수할 수 있는 것이다.

조직을 구성하는 첫 단계는 예상고객의 명단을 작성하는 일이다.

매일 만나야 할 예상고객의 수를 정하고 정보자료를 발송하며 후속 약속, 등록, 교육 및 당신의 사업시작 단계를 지원할 기타 활동이 필요한 것이다.

그리고 적절하게 조직을 구성했다면 당신은 이제 이야기를 나눌 사람들에 대한 파일을 만들어야 한다. 그 파일에는 그들 인생의 주요사항, 관심사, 이의사항, 목표, 대화의 결과, 행동을 취할 다음 단계, 행동을 취할 시기 등이 함께 포함되어 있어야 한다.

또한 당신의 라인이 조직화되어 있지 않으면 아무리 열심히 노력하더라도 부분적인 효과밖에 거둘 수 없으며, 조직화가 되어 있으면 훨씬 더 효율적이고 그룹운영 결과도 기하급수적으로 증가하게 될 것이라는 점을 명심해야 한다.

그리고 네트워크 마케팅을 효율적으로 전개하기 위해서는 무엇보다 시간을 적절하게 활용해야 한다. 왜냐하면 열심히 일하는 것만으로는 효율성을 극대화할 수 없기 때문이다. 즉, 현명하게 일을 해야 하는 것이다.

열정은 내부의 정신력이다

열정을 대신할 수 있는 것은 없다.

열정은 다른 사람을 자석처럼 끌어당기는 긍정적 에너지를 발산시켜 준다.

열정적인 사람은 항상 긍정적이고 열정적인 사람들과 함께 하고 싶어한다. 그렇기 때문에 이러한 능력을 발산하는 사람의 주변에는 늘 다른 열정적인 리더들이 모여있기 마련이다.

당신이 하고 있는 일을 열정적으로 좋아하지 않거나 내부에 이러한 열정을 갖고 있지 않다면 당신의 능력이 넘치더라도 일을 성사시키는 것은 불가능하다.

열정적인 사람이 되기 위해서는 어떻게 해야 할까?

우선 당신이 해야 할 일을 스스로 선택할 수 있어야 한다. 일을 억지로 하거나 의무감 때문에 한다면 열정적인 힘은 발산되지 않는다. 열정 없이 그저 일만 열심히 하는 것은 고되고 지루하며 화가 날 뿐이다.

그러므로 당신이 하고 있는 모든 일을 선택한 이유를 만들어라. 그러면 열정이 솟아오를 것이다.

하지만 열정만으로는 충분하지 않다. 열정에 일의 초점과 당신의 행동계획을 실천하겠다는 의지가 합쳐져야 하는 것이다. 적절한 행동이 따라 주지 않으면 열정은 한낱 좋은 아이디어에 지나지 않는다. 열정과 행동이 합쳐질 때 당신의 이야기, 말씨, 몸짓은 다른 사람들의 욕망에 불을 당기는 불꽃이 될 것이다.

열정은 당신의 행동 결과를 극대화시킨다.

열정은 사람들에게 최고의 능력을 발휘할 수 있게 하며 당신이 다른 사람들에게 힘을 줄 수 있게 한다.

거대한 담배 제국을 건설한 월터 롤리(Sir Walter Raleigh)는 어떻게 단기간에 그토록 큰 일을 이루었는지에 대한 질문을 받고 이렇게 말했다.

"해야 할 일이 있으면 즉시 시작합니다."

일을 보고만 있지 말라! 당장 시작하라.
일이 너무 어렵다고 생각하지 말라! 당장 시작하라.

내일로 미루지 말라! 당장 시작하라.

대신 해줄 사람을 찾지 말라! 당장 시작하라.

한 번 더 생각하는 척 하지 말라! 당장 시작하라.

건성으로 시작하지 말라! 시작부터 모든 최선을 다해라.

"이 일은 할 수 없어"라고 말하지 말라! 시작하면 그 일을 할 수 있다.

처음부터 특별한 노력을 기울이는 사람은 많지 않다. 하지만 모든 일마다 혹은 매일 아침마다 정열을 가지고 시작한다면 더 많은 것을 이룰 수 있을 것이다. 세상의 어떤 위대한 사람들도 일을 이루지 못한 변명거리를 갖고 있었을 것이다. 하지만 그들은 변명을 무시하고 자신에게 주어진 임무를 달성했기 때문에 역사적으로 이름을 드날릴 수 있었다.

네트워커의 성공에는 끈기가 필수적이다

인내는 역경과 절망 속에서 성공하는 사람과 포기하는 사람을 구분짓게 해준다. 그리고 끈기는 한 사람의 성공에 대한 굳건하고 흔들리지 않는 믿음으로 실천의지를 지탱시키는 밑거름이다.

예를 들어 지금 당장은 그다지 유익하게 보이지 않더라도 미래에 긍정적인 결과를 얻을 수 있는 것이라면 끈기는 무엇이든 하겠다는 실천의지를 더욱더 강하게 해주는 것이다.

또한 끈기는 성공하는데 부족한 부분을 끊임없이 찾아내고 필요한 요소들을 수용하고자 하는 의지로써 모든 성공한 네트워크 마케팅 사업자들이 공통적으로 가지고 있는 자질이다. 그렇다고 끈기가 '매번 반복되는 똑같은 일의 실패 속에서 어느 날 성공이 찾아오는 것'을 의미하는 것은 아니다.

같은 일을 매번 반복하면서 다른 결과를 기대한다는 것은 바보 같은 짓이다.

하지만 성공자의 조언을 받고 성공적이라고 입증된 행동들을 끈기있게 따라 하다 보면 결국은 성공의 문턱에 들어서게 된다. 무엇이 효과적이고 무엇이 부족한지 연구하는 일을 잊지 말라.

그리고 스스로에게 이렇게 물어 보라.

"내가 원하는 결과를 얻으려면 나의 행동을 어떻게 향상시켜야 하는가?"

당신의 가치를 살리고 다른 사람의 가치를 존중하라

가치란 명예의 핵심이며 진정한 사람됨의 정수이다.

가치는 당신 영혼의 조각들을 짠다.

가치는 고결한 실이다.

사람들은 가치에 침해를 받았을 때 화를 내고 말을 하지 않거나 물러서 버린다. 그만큼 가치는 존중받아야 하는 것이다.

당신이 자신의 가치를 의식적으로 파악하기 시작했을 때 당신은 당신의 인생과 다른 사람의 인생에서 이들 가치들이 어떻게 나타나는지 연결시켜 볼 수 있다. 그리고 행동과 가치가 결합되었을 때 사람들은 내부적으로 활기를 찾고 외부적으로 활동적이 된다.

다음은 당신이 지닐 수 있는 중요한 가치들의 예이다.

정직, 성실, 유머, 조직적 사고, 열정, 충성심, 친절, 긍정적 사고

방식, 목표의식, 동기유발, 결단력, 자신감, 지식, 고결함, 인내심, 근면, 인격, 학습능력, 자제심, 자존심, 헌신, 동정심, 끈기, 충실, 겸손….

그러므로 네트워크 마케팅의 리더들은 다른 사람들로 하여금 어떤 가치가 그들에게 최우선으로 중요한가를 깨닫게 함으로써 그 가치에 따라 자신의 삶을 계획할 수 있도록 도와주어야 한다.

이러한 가치들을 존중하는 목표를 계획하고 완성함으로써 자신의 가치를 인식하고 활성화시키는 것은 네트워크 마케팅 성공에 매우 중요한 자기 동기유발을 개발하기 위해 필수적이다. 당신이 성공하고자 기대한다면 당신의 행동은 자연스럽게 당신의 기대와 조화를 이룰 것이다.

그러므로 당신은 당신이 하는 일을 선택할 수 있는 위치에 있어야 한다. 이것은 누구든 자유 의사가 없는 한, 사람들을 네트워크 마케팅 사업에 참여시킬 수 없는 이유이기도 하다.

성공한 수많은 리더들은 목표달성을 위해 최선의 노력을 기울이면서도 그 결과에 대해 집착하지는 않았다. 그리고 자신이 정한 목표에 도달하지 못했을지라도 자신에게 스스로 실패자라는 딱지를 붙이지 않았다. 오히려 실패를 딛고 일어나 자신의 행동을 재조명하고 원하는 결과를 얻기 위해 필요한 부분을 보충했던 것이다.

내면의 열정으로 일하는 리더들은 자신의 일을 곧 즐거운 놀이로 생각하기 때문에 그들이 원하는 결과만큼이나 그 과정을 사랑한다. 또한 그들은 다른 사람이 아닌 자신을 즐겁게 하기 위해 일을 한다. 이렇게 일을 즐기다 보면 성공은 자연스럽게 다가오는 것이다.

그리고 이러한 '선물'을 전달받은 다운라인들도 같은 성공을 이루게 된다.

100m 경주에서 1등과 2등은 종이 한 장 차이

사소한 행동의 차이가 위대한 성공자와 평범한 사람들을 구분짓게 한다. 실제로 올림픽 육상경기 100m 경주에서 1등과 2등은 종이 한 장 차이로 결정되는 것이다. 그리고 온갖 영예와 스포트라이트는 오직 1등에게만 쏟아지게 된다.

수백만 달러의 계약금을 받으며 메이저리그에서 뛰는 3할 대 이상의 타자는 2할 6푼 5리의 2류 후보선수보다 얼마나 더 잘하는 것일까? 아마도 시즌 내내 일 주일에 한 두 개를 더 치는 정도에 지나지 않을 것이다.

주요 골프 대회에서의 우승자는 차점자에 비해 대개 한 타 차이로 승리하는 경우가 많다.

운동경기에서 아주 근소한 차이로 우승자와 그렇지 못한 사람으로 분류되는 예는 수도 없이 많다. 그리고 어떤 분야든 승자와 패자의 갈림길은 아주 사소한 것에서 출발한다.

마찬가지로 성공과 실패도 아주 미세한 차이에서 시작된다. 기껏해야 채 1%도 안 되는 작은 차이로 결정되는 것이다. 그러면 이러한 차이를 만드는 것은 무엇일까?

과녁이 집채만큼 크게 보여야 화살이 명중된다

어떤 명궁(名弓)이 두 제자와 함께 숲으로 갔다. 그리고 두 제자는 그곳에서 화살을 재어 멀리 있는 과녁을 향해 쏠 준비를 했다. 그 때, 스승이 그들을 중단시키고 무엇을 보았는가를 물었다.

첫 번째 제자가 대답했다.

"위로 하늘과 구름이 보이고 밑으로는 들판과 풀밭이 보입니다. 숲에는 참나무, 밤나무, 소나무, 포플러, 단풍나무가 있고 그 나무의 가지도 보입니다. 잎도 보이고요. 과녁의 색깔 있는 테두리 원도 보입니다. 그리고 또……"

스승은 그의 말허리를 잘랐다.

"활을 내려놓아라. 너는 오늘 쏠 준비가 되어 있지 않구나."

그리고는 두 번째 제자에게 물었다.

"너는 무엇이 보이느냐?"

"오직 과녁 중앙에 있는 점만 보일 뿐입니다."

"그러면 화살을 쏘거라"

화살은 과녁의 중앙에 정확하게 꽂혔다.

이 두 제자의 심리상태에는 어떤 차이가 존재하는 것일까?

그것은 바로 포커스이다. 어떤 일에 집중하는 능력을 터득하면 그 일 자체에 완전히 숙달하게 된다.

사고(思考)에 포커스를 맞추고 당신의 마음을 지배해 보라.

감정을 한 군데로 모으고 마음의 주인이 되어라.

창조적인 관심을 한 군데로 집중하고 상상력의 주인이 되어라.

그 모든 것을 성취하게 되면 당신은 가능성의 주인이 되고 또한 인생의 주인이 될 수 있다.

집중력은 연습하고 또 연습해야 기를 수 있다

집중력의 열쇠는 바로 마음에 있다.

정신을 집중하면 믿지 못할 만큼 창조적인 힘이 생기는 것이다. 일단 목표와 욕구에 포커스를 맞추게 되면 도중에 만나는 시행착오, 교훈, 시련, 기쁨, 그 모든 과정을 헤치고 마음이 마치 열 추적 미사일처럼 움직이는 것을 보게 된다. 그리하여 결국에는 당신이 원하는 정확한 지점에 도달하게 되는 것이다. 그리고 포커스를 유지하는 한, 이러한 상태는 계속 유지된다.

부정적인 생각이나 자신에게 전혀 도움이 되지 않는다는 생각이 들 때 당신은 어떻게 하는가?

그럴 경우에는 생각하고 싶은 것에 정신을 집중하라. 그리고 이러한 과정을 몇 번이고 반복해 보라.

생각하고 싶은 것, 느끼고 싶은 것, 말하고 싶은 것, 하고 싶은 것에 집중하라. 집중이야말로 의식을 형성하는 비결이다. 열정적으로 사는 데 이보다 더 나은 방법은 없다. 집중하지 않는 인생은 그야말로 험난한 길이며 희망이 없는 길이다.

누군가가 말했듯 '목표와 꿈에 집중하지 못하는 것이 곧 절망'인 것이다.

그러면 집중력은 어떻게 기를 수 있을까?

그것은 음악가가 카네기 홀에서 연주회를 개최하는 것과 마찬가지이다. 연습하고 연습하고 또 연습하라. 들판이나 숲에 관심을 쏟지 않고 오직 과녁만 바라본 궁수처럼 오로지 목표에 집중해야 하는 것이다. 그리고 긍정적인 표현들도 집중력을 기르는 데 큰 도움을 준다.

당신이 가장 하고 싶은 생각을 카드에 적어 보라.
매일 아침과 잠자기 전에 그것을 읽어 보라. 긍정적인 생각, 믿음, 태도, 사고, 습관을 녹음해서 테이프로 만들어 그것을 몇 번이고 반복해서 들어라. 이 방법은 이미 입증된 강력한 성공도구이다.
닭과 돼지가 토론을 하고 있었다.
닭이 말했다.
"나는 매일 달걀을 하나씩 낳을 거야."
그러자 돼지가 이렇게 말했다.
"그건 확언이 아니야. 그것은 그냥 옆에서 힘들이지 않고 구경만 하는 것과 같아. '나는 나중에 베이컨이 될 거야' 라고 하는 것, 그게 바로 확언이야!"
확언이 없으면 아무 일도 일어나지 않는다. 그리고 좋든 싫든 확언을 했으면 반드시 실천에 옮겨야 한다. 확언은 모든 성공비결의 비밀 성분인 것이다.
일단 뭔가를 확언하게 되면 그 일은 일어나게 된다. 아무리 오래 걸려도 혹은 다른 무슨 일이 일어나도 그 일은 일어나고야 마는 것이다. 그것이 바로 확언의 힘이다. 확언의 힘에는 정말로 경외심을 불러일으킬 만한 비밀이 숨어 있다.

우리는 언제나 무엇인가를 확신한다. 하지만 문제는 무엇을 확신하느냐 하는 것이다. 당신이 만약 목표달성보다 편안함을 더 강하게 추구한다면 당신은 편안하게 될 것이다.

물론 목표는 달성할 수도 있고 달성하지 못할 수도 있다. 사실, 너무 강하게 편안함만을 추구한다면 목표달성은 힘들어진다. 그럴 경우에는 편안함이라는 영역에서 과감히 빠져 나와야 한다.

만약 어떤 일을 확언했다면 끝까지 무조건 행동으로 옮기도록 하라. 성취를 하느냐 못하느냐 하는 것은 그다지 중요한 문제가 아니다.

예를 들어 당신이 이번 주에 신규 고객을 대상으로 10건의 판매 방문을 하기로 했다고 하자. 그리고 금요일 오후 현재 9명을 만났다면 이제는 나가서 친구들과 골프를 쳐도 될까?

물론 안 된다. 당신은 그 시간에 10번째 고객을 만나야 하는 것이다.

확언은 약속을 하고 그것을 지키는 것이며 최선을 다하는 것이다. 일단 확언을 했으면 무조건 실행하도록 하라.

한 명의 100% 노력보다 100명의 1% 노력이 더 낫다

케네디 대통령이 10년 안에 사람을 달에 보내겠다고 전 국가를 상대로 공언을 했을 때 미국은 우주 경쟁에서 러시아보다 뒤져 있었다. 하지만 1969년 7월21일, 아폴로 우주선은 예정대로 인류의 위대한 발자국을 달 표면에 딛게 하고야 말았다.

어떤 분야에서든 성공한 리더는 확신으로 무장된 사람이다. 리더는 거저 되는 게 아니다. 사람들은 무한한 가능성의 미래를 확신하는 사람들을 따르기 마련이니까.

성공이라는 고속도로에서 급행차선이 있다면 그것은 리더십일 것이다. 왜냐하면 성공비결 중의 하나는 바로 타인을 통한 성취이기 때문이다.

진정한 부를 만들어 내는 비결은 앤드류 카네기가 한 다음의 말로 잘 요약할 수 있다.

"나는 내 자신의 100% 노력보다는 100명으로부터 각각 1%의 노력을 갖겠다."

왜 그럴까?

그것은 바로 지렛대 효과 때문이다. 모든 일은 혼자 하는 것보다 여러 명으로 이루어진 팀이나 조직을 통하면 수 백 배의 더 큰 성과를 거둘 수 있는 것이다.

어떤 인간도 혼자서는 살아가지 못한다. 그리고 당신이 하면 상대방도 하게 되는 것이 인간의 본성이다. 그러므로 만약 당신이 약속을 지키고 확언할 줄 아는 사람이라면 상대방은 당신이 말하는 대로 행동할 것이다.

다른 사람에게 완전한 노력을 요구하기 전에 당신이 먼저 노력하라. 아기가 걸음마를 배우듯 자신의 꿈을 향해 노력해 보라. 아기는 걸을 수 있을 때까지 몇 번이고 다시 시도한다. 중도 포기나 편안한 은신처 같은 것은 없다. 오로지 걷는 것뿐이다.

기억하라!

우리는 자신이 '알고 있는 것'에 대한 대가를 받는 것이 아니라 알고 있는 것을 행동으로 옮길 때 그 대가를 받는다. 또한 우리가 '누구를 알고 있는가'에 대해 대가를 받는 것이 아니라, 아는 사람을 통해 스스로 '성취한 일'에 대하여 그 대가를 받는다.

그리고 이러한 '실천'과 그 밖의 중요한 모든 일들은 노력을 필요로 한다.

확언을 하면 돌아오는 최대의 보상이 무엇인지 아는가?

그것은 바로 끈기이다.

많은 사람들이 '끈기는 목적을 이루는 수단, 하나의 도구'라고 말하지만 오히려 '보상'에 가깝다고 할 수 있다. 그렇다면 언제까지 끈기를 지녀야 할까? 간단히 말해 성공을 이루고 꿈을 이룰 때까지는 끈기를 가져야 한다.

포커스, 믿음, 태도, 목적은 확언을 필요로 한다.

그러면 강력한 확신을 만들어 내는 열쇠는 무엇일까?

그것은 바로 열망이다.

리세기 성공기업이 갖춰야 할 요소

인터넷을 활용해야 한다

이제는 인터넷 세상이다. 어떤 일을 하든 인터넷 관련 전략을 세우지 않으면 후회하게 될 것이다. 첨단기술은 가능한 한 빨리 활용하는 것이 좋다.

그렇다고 회사 이름에 닷 컴만 붙으면 되는 것은 아니다. 그것은 그저 목표를 향한 첫 단계일 뿐이다. 인터넷은 영업을 간소화하고 가치를 창출하며 편의를 도모하는 도구가 되어야 한다.

그리하여 운영하는 기업이 다방면에 능력이 있고 변화에 쉽게 적응할 수 있도록 새로운 제휴와 협력관계를 맺도록 해야 한다.

사업의 중요한 단위는 기업이 아니라 개인이다

이제는 개개인이 기업의 성공을 위해 일하는 것이 아니라 개개인이 성공하도록 기업이 일하는 것이 되어야 한다. 21세기에는 사원 개개인의 이상과 목표에 최상의 가치를 부여하는 기업이 성공하게 될 것이다.

성공은 늘 정해진 월급을 받고 주당 일정 시간을 일하는 것이 아니다. 성공은 성취하고자 하는 것을 성취하는 것이며 다른 사람들도 희망하는 것을 이루도록 도움을 주는 것이다.

최고의 가치는 기회에 있다

21세기에 성공하려는 기업은 사원들에게 선택, 융통성, 편의, 공정함 그리고 자유를 제공해야 한다. 이것은 결국 기회의 문이 더 많아지는 것을 의미하는데, 이것을 통해 진취성, 창조성, 자립성, 근면성을 보장받게 될 것이다. 즉, 기업이 기회를 많이 만들면 만들수록 더욱더 발전하게 되는 것이다.

공동체를 형성하는 인맥이 중요하다

21세기에는 더 이상 딱딱한 분위기의 직장에 출근해서 일 주일에 6일 동안 정해진 근무시간을 준수하지 않는다. 사람들은 각자 편한 시간에 일을 하고 특별한 일이 있을 때에는 사이버 공간에서 만나거나 개별적인 접촉을 한다. 웹은 대중 매체가 아니라 틈새 매체이고 개인적인 매체이며 쌍방향 매체인 것이다.

제휴와 협력관계

21세기 성공기업은 여러 방면에서 지속적으로 건설적인 제휴관계를 맺을 수 있어야 한다. 즉, 기업이 얼마나 제휴관계를 확대하고 웹의 특성을 기업운영에 접목시키느냐에 성패가 달려 있는 것이다.

가치중심의 전략

성실히 일하는 개개인이 존중받고 남에게 더 많이 줄수록 더 많이 남에게 관심을 가질수록 남의 성공을 위해 도움을 주면 줄수록 성공하게 되는 시스템이어야 한다. 그리고 노력의 정도에 따라 그에 비례하여 수익을 올릴 수 있어야 한다.

유통의 효율성

이제 소비자는 업무처리가 다단계로 이루어지는 것으로 인해 야기되는 과도한 비용과 실수를 용납치 않을 것이다. 또한 영업에서 서비스, 생산, 회계에 이르기까지 수많은 부서에서 업무를 처리하기 때문에 야기되는 복잡성과 비효율성 또한 용납치 않을 것이다. 이에 따라 부서간 장벽이 사라지고 서로 다른 부서 사람들이 팀을 이루어 업무를 수행하는 추세가 증가하고 있다.

그리고 소비자들은 어제의 제품에 만족하지 않기 때문에 늘 기술혁신이 요구되므로 누구나 기본적으로 배우는 자세를 갖춰야 한다.

거미집형 조직

다음 세기에는 업무가 분산될 것이다. 대부분의 사원들이 그들의 생활과 가족을 고려한 스케줄에 따라 위성 사무실이나 자택에서 업무를 수행하는 유연함을 보이는 것이다. 그러나 그렇다고 해서 대인접촉의 필요성이 완전히 사라지는 것은 아니다.

우수한 리더

21세기에는 중간 관리자의 위치가 사라질 것이다. 그 대신 우수한 리더가 교육 및 자기개발 프로그램 등을 통해 사람들을 지도하게 된다. 여기서 지도를 한다는 것은 누군가에게 본보기가 된다는 것 이상의 의미를 갖는다. 즉, 리더는 행동으로 본보기를 보임으로써 인내, 용기, 비전, 인품, 책임을 가르치고 또한 그 이상의 노력을 해야 하는 것이다.

새천년 리더십

20여년 전쯤, 당신은 아마도 2000년이라는 단어가 무척이나 까마득하게 느껴졌을 것이다. 그리고 2000년은 문명이 고도로 발달하여 그야말로 꿈의 낙원이 이루어질지도 모른다는 환상에 젖어 있었을지도 모른다.

그러면 2000년대를 딛고 있는 당신의 현실은 어떠한가?

그리고 현재의 위치와 미래의 목표달성 가능성에 대해서는 어떻게 생각하는가?

다음의 질문에 대해 답해 보라.

◇ 올해 당신의 사업 원동력은 무엇인가?

◇ 사업을 다음 단계로 끌어올릴 때 무엇이 촉매역할을 할 것인가?

◇ 무엇으로 사업 성공의 불을 당길 것이며 그렇게 당겨진 불을 매주 어떻게 유지할 것인가?

◇ 끊임없이 성장하는 다운라인을 어떻게 조직할 것인가?

◇ 올해 목전에 놓여 있는 도전들을 통해 어떻게 자신을 이끌어 갈 것인가?

이 질문에 답하려면 다소 시간이 걸릴 수도 있다. 그렇다면 시간을 절약하기 위해 약간의 조언을 하겠다. 답변은 한 단어로 해야 한다. 즉, 다섯 가지 질문에 대한 답을 한 단어로 하는 것이다.

그 단어는 당신의 성공을 결정짓거나 혹은 성공을 하는데 있어서 부족한 요인이 되기도 한다. 또한 그 답변은 다운라인과 당신의 성공 화로에 불을 지피는 기름이기도 하다.

동시에 성공한 사업자의 마음속에 새겨져 있으며 정신에 각인되어 있고 그들의 눈에서 밝게 빛나고 있다. 그 답변은 더 높은 실적을 이룰 수 있도록 촉매역할을 하며 당신의 생각보다 더 많은 사업 성공을 가져다준다.

그 단어는 자석처럼 성공과 부를 이끌어오며 사업 성공에 필요한 모든 비결을 포함하고 있다. 이에 따라 네트워크 마케팅 사업에 대한 어떤 글에서도 그 단어의 거대한 힘은 잘 표현되고 있다.

수많은 사람들 그리고 회사들이 그 단어로 인해 밝은 미래를 향해 성공적으로 달려가고 있다. 그렇다면 그 단어는 무엇인가?

그것은 바로 '리더십'이다.

진실되고 순수하며 구속받지 않는 리더십!

그것은 바로 네트워크 마케팅 성공에 있어서 가장 강력한 힘이다.

그렇다면 '열정'은 어떠한가?

"열정은 성공의 비밀 병기이며 리더십은 네트워크 마케팅의 비밀 병기이다."라는 말을 기억하라!

열정에 불이 붙으면 장애가 되는 것은 무엇이든 녹여버릴 수 있다. 따라서 열정적인 리더십은 발전소와 같아서 그것에 닿는 것은 무엇이든 폭파할 수 있는 힘을 지니고 있다. 그리고 바로 이것이야말로 네트워크 마케팅 업계에서 새천년의 백만장자를 배출해 낼 수 있는 힘이다.

어떠한 지도나 가르침도 열정적인 리더십이 가지고 있는 폭발적인 성공의 힘에 대적할 만한 것은 없다. 아무리 교육을 잘 받고 좋은 사업 의도를 갖고 있으며 네트워크 마케팅 사업의 구조에 대해서도 잘 알고 있을지라도 성공하지 못하는 경우는 많이 있다. 왜냐하면 그들은 커다란 잠재력은 갖고 있지만, 리더십이 부족하기 때문이다.

'리더십'이야말로 성공을 위해 반드시 필요한 것이다!

당신의 다운라인이 강하게 리더십을 원하고 있다는 사실을 알고 있는가? 네트워크 마케팅 업계에서 가장 슬픈 일은 힘을 갖고 있는 그룹이 리더십의 부족으로 마침내 분열되고 마는 것이다. 이런 일은 늘 일어나고 있다.

하지만 이러한 사태는 막을 수 있다. 그리고 그러기 위해서는 상황을 변화시켜야 한다.

리더십의 힘을 키워라!

모든 리더는 이 사업에서 리더십의 중요성을 잘 알고 있다. 특히 신규 사업자에게는 더욱더 그러하다. 열정적인 리더십은 그룹 내에서 폭발적인 힘을 창출한다. 그리고 그러한 힘을 분출시키기 위해서는 일차적으로 네트워크 마케팅에서 리더십이 의미하는 바를 이해해야만 한다.

새천년 리더십의 정의

리더십이란 우리가 모든 사람들의 복지를 위해 지속적으로 매일 그리고 열렬히 믿고 있는 일련의 기술, 전략, 자세, 믿음을 말한다.

특히 네트워크 마케팅의 리더십이란 '책임감과 신념을 가지고 과감하게 용기를 북돋워주는 환경을 창조하고 사람들이 선뜻 따라나설 수 있는 성공행보를 창출하는 것'이다.

다시 한 번 이 정의를 읽고 어떤 느낌이 드는지 생각해 보라.

당신은 이러한 리더인가?

당신은 다른 사람에게 이렇게 할 수 있는가?

이 정의를 면밀히 검토해 보라.

이 정의에서 첫 번째로 중요한 단어는 과감성이다.

이 사업의 리더들은 한 발자국 더 나아가 보이지 않던 것을 보고, 생각지 않았던 것을 생각하며 이야기되지 않았던 것을 이야기하고 실행되지 않았던 것을 실행할 의지를 갖고 있어야 한다.

네트워크 마케팅 리더는 사고, 비전, 말, 행동에 있어서 과감하다. 과감성은 성공을 가져오지만 소극성은 이 사업에서 '암'과 같은 존재이다.

리더는 최전선에 서서 사람들에게 참여하도록 용기를 주어야 한다. 그러므로 리더는 사람들이 성공하지 못할 것이라는 생각을 해서는 안 된다.

전에 하지 않았던 일을 하라!

전에 생각해 보지 않았던 일을 생각하라!

전에 꿈만 꾸던 일을 성취하라!

그러기 위해서는 과감한 리더십이 필요하다.

두 번째로 생각해야 할 단어는 책임감이다.

리더는 책임감의 중요성을 이해하고 있으며 이것을 절대로 가볍게 여기지 않는다. 또한 리더는 일을 이루기 위해서는 누군가가 행동해야 한다는 것을 알고 있으며 그 임무를 선뜻 맡는다. 왜냐하면 리더는 자신의 책임소재를 명확히 알고 있기 때문이다.

하지만 리더는 사업자의 성공에는 책임이 없다. 리더의 책임은 사업자들이 사업을 할 수 있도록 교육하고 발생할 수 있는 문제에 대처할 수 있도록 하며 항상 이들을 후원하는 데 있다. 그리고 각각의 사업자들은 자신의 성공에 책임을 져야 한다.

이것은 운동을 지도하는 트레이너와 마찬가지이다. 트레이너는 체중을 줄이는 방법, 이유, 시기 등을 교육할 수는 있지만, 운동까지 대신해 줄 수는 없다. 운동은 스스로 해야 하는 것이다. 만약 트레이너가 대신 운동을 해준다면 이득을 보는 것은 트레이너이지 당신이 아니다. 트레이너인 당신이 이러한 사실을 망각한다면 고객들은 흥미를 잃고 이렇게 말할 것이다.

"형편없는 트레이너로군!"

어디서 많이 들어보던 소리 아닌가?

리더는 항상 영구적인 사업자를 구축하려 노력한다. 이들은 연못을 파고 물을 채운 다음 물고기를 넣어두고 나서 사업자에게 고기 잡는 법을 가르친다. 그러나 낚시 줄을 던지는 것은 신규 사업자의 몫이다.

세 번째로 리더십에 있어서 중요한 단어는 신념이다.

신념은 모든 성공적인 조직의 주춧돌 역할을 한다. 신념이 있는 리더는 자석처럼 힘들이지 않고 사람들을 끌어 모을 수 있다. 왜냐하면 신념이란 말하거나 행하여지는 것이 아니라 느낌으로 알 수 있는 것이기 때문이다.

신념 있는 리더를 만난 사람들은 용기를 얻는다. 왜냐하면 신념을 느낄 수 있기 때문이다. 이 업계에서 존경받고 있는 사람들은 분명히 성공, 다운라인 그리고 네트워크 마케팅에 대해 굳건한 신념을 가지고 있는 사람들이다.

물론 이 사업을 하다 보면 때로는 하고 싶지 않은 일도 필요에 따라 할 수 없이 하는 경우가 발생한다. 그러나 명심해야 할 것은 리더로서 추종을 받느냐 받지 못하느냐는 당신의 신념에 달려 있다는 사실이다.

네 번째로 생각해야 할 단어는 창조이다.

만약 리더십을 정의하는 말 중에서 한 단어만을 선택해야 한다면 그 단어는 창조가 될 것이다. 간단히 말해 리더는 창조자이다. 이들은 무에서 유를 창조한다. 이들은 꿈, 믿음, 실천이라는 실로 짜여진 융단에 미래로 장식을 한다.

리더는 자력과 같은 지도력, 강력한 영향력, 희망, 가능성 그리고 성장을 위한 환경을 조성한다. 리더는 보이지 않는 것을 보는 특별한 재주가 있다. 이것이 비전의 기술이다. 이들은 생각을 하고 다른 사람과 의견을 교환하며 도움을 요청하여 보이지 않는 것을 실존하게 만든다. 또한 이것을 사람들이 믿을 수 있도록 강력한 비전을 제시한다. 네트워크 마케팅에서 이것은 바로 우리의 인생을 더 낫게 변화시키는 가장 중요한 믿음이다.

변화란 창조의 자매이다. 그리고 리더는 변화의 사신이다. 이들은 사람들의 인생을 긍정적으로 변화시킨다.

변화는 무엇인가를 증대 또는 확대시키기 위해 반드시 일어나야 한다. 그리고 변화는 새로운 방향과 전망을 만들어내며 이것이 바로 네트워크 마케팅에서 추구하는 바이다.

이제 네트워크 마케팅과 리더십이 단단하게 섞여 있어 서로 불가분의 관계라는 사실을 이해할 수 있겠는가? 리더는 단지 변화를 수용하는 것이 아니라 변화를 포용하여 자신의 메시지 일부로 만들어 버린다. 즉, 변화를 단순히 수용하기보다 포용하는 자세가 리더의 힘이 되는 것이다.

다섯 번째로 중요한 것은 용기를 주는 환경이다.

지구의 환경에서 성장, 번성, 생존 그리고 기타의 조건이 결정되는 것과 마찬가지로 당신이 만들어내는 조직 환경은 성장, 정체, 평범함, 쇠퇴에 영향을 미친다.

따라서 리더인 당신은 희망과 가능성을 키워야 하며 절대로 과장과 불가능을 배양해서는 안 된다. 또한 사람들에게 용기를 주어 장점을 최대화시킬 수 있도록 해야 한다.

그렇다면 리더십 환경을 조성하는 요인에는 어떤 것이 있는가?

그것은 리더의 말, 분위기, 행동, 인내심, 기대, 믿음 그리고 태도가 있다. 당신의 환경은 햇빛으로 가득차 있는가? 아니면 먹구름으로 가득한가? 또한 믿음으로 채워져 있는가? 아니면 의심과 의혹으로 가득한가?

최대의 용기가 최고의 성장을 약속한다!

여섯 번째로 중요한 단어는 성공행보이다.

리더는 다운라인에게 목표를 달성할 수 있도록 명확하게 단계별로 과정을 제공해야 한다. 사실, 이것은 성공행보라고 생각하기보다 성공의 일부라고 생각하는 것이 나을 것이다.

즉, 사람들이 성공에 대한 인식을 새롭게 하도록 도와줌으로써 매 단계마다 사람들이 성공할 수 있는 기회를 제공하는 것이다. 이를 위해서 교육의 기회를 제공하고 조직에 기대감을 심어주어야 한다.

앞에 나서서 이렇게 말하라.

"자! 여러분은 할 수 있습니다. 제가 방법을 알려 드리겠습니다."

대수롭지 않은 임무나 사소한 성공을 축하하기 위해 일부러 시간을 내는 경우는 드물다. 하지만 그러한 행동은 조직의 성장을 위해 매우 중요하다. 사소한 성공에 대한 인정과 축하가 엄청난 성공을 기대할 수 있는 놀라운 원동력이 되는 것이다.

마지막으로 생각해야 할 것은 '선뜻 따라 나선다'는 것이다.

당신의 다운라인은 당신의 판단을 절대적으로 신뢰하는가? 당신의 판단이 다운라인의 믿음을 받을 가치가 있는가? 다운라인이 당신의 지도를 따르고 그것을 자랑스럽게 여기는가?

새천년 리더십은 업라인과 다운라인 사이의 신뢰를 필요로 한다.

리더십을 발휘할 수 있는 비결은 '사람들을 사랑하고 사람들에게 관심을 기울여주며 그러한 감정에 확신을 갖도록 해주는 데' 있다. 사람들은 자신을 사랑하고 자신에게 관심을 기울여주는 사람에게 끌려가기 마련이다.

하지만 여기서 말하는 것은 힘 자체에 대한 것이 아니라 힘의 실체를 말하는 것이다.

무슨 말장난이냐고 할지도 모르지만, 여기에는 근본적인 차이가 존재한다. 관리자의 대부분은 힘을 가지고 있으며 그 힘을 발휘한다. 하지만 실체가 없다. 힘의 실체라고 하는 것은 느껴지는 것이지 말로 해서 되는 것이 아니다. 그리고 사람들은 힘의 실체를 느끼는 그 순간 즉각 따르게 된다.

이것은 네트웍 사업에서 자석과 같은 역할을 한다.

따라서 이 사업의 리더는 사람들을 흥분시킬 수 있어야 한다.

사람들은 전에는 한 번도 문제를 제기하지 않았지만 항상 답변을 듣고자 하는 의문점을 한 가지 갖고 있다. 그것은 바로 '이 사람이 내가 원하던 것을 달성할 수 있도록 도와줄 수 있을 만큼 자질이 있는가?' 라는 것이다.

만약 이 질문에 대한 답이 긍정으로 나오면 이제부터 당신이 사업에 속해 있는 것이 아니라, 사업이 당신에게 속해 있게 된다. 그러면 당신은 자력을 지닌 인물로 신뢰감을 얻어 사람들이 당신을 따르지 않고는 못 배길 것이다.

이러한 요소들은 모두 리더십을 창출하여 어떠한 사업이든 성공으로 이끈다.

성공은 모두 한 단어에서 시작하는데 그것은 바로 '결단력'이다. 그리고 결단력은 리더십의 촉매제 역할을 하며 소위 '성공의 불꽃'을 점화시키는 연료가 되어 힘을 생성하게 된다. 즉, 결단력은 리더십의 모든 성공에 불을 당기는 불꽃인 것이다.

"선택은 방향을 결정한다. 결단력은 운명을 결정한다."는 말을 명심하라!

선택에는 한계가 있다. 왜냐하면 선택은 변할 수 있기 때문이다. 그러나 결단은 변하지 않는 확고한 마음자세이다.

당신은 이 사업을 해보기로 선택을 하였는가? 아니면 이 사업에서 성공을 거둘 결심을 하였는가?

부디 당신과 당신의 그룹을 결단의 불꽃이 점화된 미래로 인도

하라. 리더십이라는 기름을 가득 부어 사업을 폭발적으로 성장시켜라!

그러기 위해서는 개인적인 리더십에 대해 연구할 필요가 있다. 남을 이끌기에 앞서 자신을 이끄는 법을 배워야 하는 것이다. 리더십의 성공을 위해서는 먼저 개인 리더십의 벽돌을 쌓고 그 위에 그룹 리더십의 벽돌을 쌓아야 한다.

스스로의 인생에서 리더십을 보이지 못하는 자를 그 누가 따를 것인가? 본인 스스로 과감성, 신념, 자제심을 보일 때 다른 사람에게도 이러한 자질을 심어줄 수 있다.

이것이 바로 조직이 개인보다 빨리 성장하는 이유이다. 개인의 리더십은 개인의 성장에서 비롯된다. 최고가 되겠다고 결정했다면 그리고 어떠한 어려움이라도 극복하고 성공을 얻기 위해 필요한 일을 하겠다고 결심했다면 개인적인 리더십을 보여주고 구축해야 한다. 그렇다고 완벽한 리더십을 추구할 필요는 없다. 왜냐하면 리더십은 계속적으로 변화하기 때문이다.

네트워크 마케팅 사업에는 두 가지 타입의 사람들이 있다는 점을 이해하라. 하나는 방법론적인 사람이고 다른 하나는 결과론적인 사람이다.

방법론적인 사람은 사용할 방법을 선택한 다음에 결과를 받아들인다. 그리고 결과론적인 사람은 원하는 결과를 선택한 다음에 방법이야 어찌되었든 결과를 달성할 수 있는 방법을 받아들인다.

만약 당신이 새천년의 리더가 되고자 한다면, 결과론적인 사람이 되도록 하라. 즉, 방법이 무엇이든 당신의 꿈을 실현할 수 있는 방법들을 동원하는 것이다.

이것이 바로 총체적인 개인 리더십이다. 즉, 과거 자신의 마음속에 자리잡고 있던 모든 한계를 제거하고 전에는 생각지 못했던 일들을 만들어 내는 것이다.

네트워크 마케팅의 리더는 끊임없이 새로운 사람들을 만나고 대화하면서 미래의 꿈을 실현해줄 사업기회를 함께 하도록 만들어야 한다.

새천년의 리더는 네트워크 마케팅 사업을 사업자의 눈으로서가 아니라 리더의 눈으로 바라보아야 한다.

여기에는 커다란 차이가 있다.

리더십의 눈으로 보면 성공으로 가는 행로를 더욱 쉽게 여행할 수 있게 된다. 그리고 보다 빨리 보다 성공적인 리더십을 개발하려면 6개월 단위로 변화를 추구해야 한다. 조언자와 면담을 하거나 혹은 컨퍼런스 콜을 하라. 아니면 개인적으로 많은 자료를 학습하면서 끊임없이 질문하도록 하라.

그렇게 노력하면 그룹에 대한 당신의 관심이 반으로 줄어들지라도 그룹 전체가 크게 변화되는 것을 느끼게 될 것이다.

개인 리더십의 개발을 위해 네트워크 마케팅 리더십 십계명을 살펴보라. 그리고 오늘부터 이 십계명에 따르면서 그룹에 이 십계명을 가르치고 당신의 그룹이 가파르게 성장하는 결과를 지켜보도록 하라.

네트워크 마케팅 리더십 십계명

① 진실된 마음으로 지도할 것을 결심하라.

네트워크 마케팅 업계에서 진실한 마음으로 지도력을 발휘하는 것보다 더 강력한 것은 없다. 진실한 마음으로 지도를 할 때, 사람들은 성공을 향해 이끌려온다. '진실한 결심'은 마음에서 비롯되는 것이지 결코 이성으로 이루어지는 것이 아니다. 그리고 마음에서 비롯된 결심은 매우 굳건하여 다른 길은 상상할 수조차 없게 된다.

② 비전에 불을 붙여라.

단순히 '정상궤도 진입'만으로 만족해서는 안 된다. 화염이 필요하다! 크리스탈처럼 명확하고 강력하며 뜨거워야 한다!

존 밀턴 포그가 말했듯이 "진정한 리더는 사람들에게 불을 붙이거나 이들을 녹여야 한다." 즉, 사람들에게 희망과 가능성과 변화로 불을 밝혀줄 비전을 갖고 있어야 하는 것이다.

③ 길을 인도하라.

우선 리더로서 성공을 향한 길을 단계적으로 설계한다. 사람들을 후원하고 코칭하며 안내하는 과정에서는 늘 문제가 발생할 수 있으며 리더는 이러한 어려움을 뚫고 나가야 한다. 항해를 하려면 본인의 현재 위치를 알아야 할 뿐만 아니라 목적지와 도착 방법을 알고 있어야 하는 것이다.

기억하라!

당신 그룹의 북극성은 바로 당신의 리더십이다!

④ 도덕과 성실, 진지한 보살핌을 통해 영향력을 만들어라.

네트워크 마케팅에서 자신의 보수보다 다운라인의 보수에 더 신경을 쓰는 리더보다 더 강한 힘을 발휘하는 사람은 없다. 이러한 도덕적인 자세에서 비롯된 영향력은 대단하다.

리더로서 지속적으로 성실하게 행동한다면 당신은 조직의 존경과 신뢰를 받게 될 것이다. 그렇게 믿음이 생기면 사람들은 당신의 행동을 따르게 된다.

⑤ 희망, 가능성, 기대감으로 가득찬 환경을 만들어라.

리더로서 가장 중요한 임무 중의 하나는 사업자가 희망을 갖고 성장을 하며 번성할 수 있는 환경을 조성해 주는 것이다. 사람은 자신이 기대하는 수준만큼 성장하는 법이다. 그러므로 다운라인의 기대수준을 높이도록 하라. 사람들로부터 큰 것을 기대하고 그들이 그러한 것을 기대할 수 있도록 자신감을 심어주어라.

⑥ 믿음, 지식, 격려를 통해 모든 사람들에게 힘을 심어 주어라.

리더는 사업을 통해 사람들의 삶을 변화시킬 수 있도록 사람들에게 힘을 심어주어야 한다. 그리고 힘을 심어주는 가장 좋은 방법은 바로 그들을 믿어주는 것이다.

네트워크 마케팅에서 가장 강력한 세 단어를 기억하라!

"나는 당신을 믿습니다!"

그리고 정보를 제공하면서 격려를 아끼지 말고 그들이 인내심을 갖고 학습 곡선을 따라갈 수 있도록 최대의 후원자가 되어라.

⑦ 모범이 되어라.

리더는 다운라인이 가까이서 관찰할 수 있는 사람이어야 하며 특히 모범을 보여야 한다. 당신은 잘 모르겠지만 사람들은 당신의 일거수일투족을 지켜보고 있다. 그리고 무의식적으로 당신의 행동을 따라 하게 된다.

그러므로 리더인 당신이 모범이 되어 다운라인들이 계속해서 앞으로 전진해 나갈 수 있도록 만들어라. 당신이 모범을 보이면 의심, 갈등, 좌절의 안개 속에서 다운라인을 이끌어 줄 수 있는 등불이 될 것이다.

⑧ 스포트라이트 뒤편에 서 있어라.

네트워크 마케팅을 전개하는 수많은 사업자들이 리더십을 갖는 것과 명사가 되는 것을 혼동하고 있다. 물론 최고의 수입을 얻게 되면 사내 혹은 업계에서 명사가 되어 그룹 내에서 주요 인물로 부상하게 된다.

하지만 영구적인 다운라인을 구축하는 리더는 명예를 다운라인에게 돌리고 자신은 그 뒤편에 서 있는다. 그렇다. 리더는 용기를 심어주기 위해서는 앞에 나서야 하지만 진정한 힘은 작은 성공이라도 인정하고 축하해줌으로써 다운라인이 더 많이 일할 수 있도록 자신감을 심어주는 데 있다. 사람들은 돈보다는 인정을 받기 위해 더 열심히 일하는 것이다.

⑨ 이타적으로 설계하라.

리더십은 계획을 설계하는 것이다. 우선 스스로를 올바르게 정립하고 성공에 필요한 기술, 태도, 습관 등을 설계하도록 하라. 그리고 나서 다운라인이 스스로를 설계하도록 도와주어라.

일반적인 사업자는 이기적으로 설계를 하여 자기 자신의 성장에 제약을 두게 된다. 그러나 리더는 이타적인 마음으로 설계를 하여 자기 자신을 정립한 다음 다운라인의 성장을 일차적인 목표로 한다. 그리고 그것이 곧 자신의 성공으로 이어지는 것이다.

네트워크 마케팅에는 리더십에 대한 패러독스가 있다. 그러므로 우선 자신을 먼저 정립하라. 그리고 두 번째는 다운라인, 세 번째는 본인의 사업을 세워라. 하지만 이것은 모두 동시에 이루어져야 한다. 만약 당신의 사업에 우선 순위를 매겨놓았다면 당신은 당신만의 제국을 건설하고 있는 것이다.

⑩ 사업관계가 아닌 인간적인 관계를 형성하라.

백만 달러 짜리 인간 관계를 형성하라. 당신과 함께 사업을 전개하는 친구로 남기보다는 당신 곁을 떠나는 것이 더 쉽다는 점을 명심하라.

인간적인 관계를 형성하기 위해서는 우선 그룹 내의 사람들이 어떠한 사람인지 알고 있어야 한다. 즉, 그들의 꿈, 그들에게 중요한 것들, 그들의 가치기준을 알고 있어야 하는 것이다.

항상 자신의 이익에 앞서 다운라인의 이익을 중시하라!

이것은 놀랄만한 신뢰감을 낳게 되고 동기를 부여하여 엄청난 보상을 얻게 해준다.

새천년에는 사업자의 눈이 아니라, 리더의 눈으로 사업에 참여하라! 만약 리더십을 통해 인생의 모든 면에서 변화가 이루어진다는 것을 깨닫게 된다면 새천년에는 모든 장애와 실패가 사라지게 될 것이다. 그리고 오직 성공으로 가는 일방통행만이 앞에 놓여 있게 될 것이다. 이것이 바로 네트워크 마케팅이 추구하는 무제한의 성공이다. 이 성공의 비결은 바로 리더십에 달려 있다.

제 5물결은 어디로?

이제 네트워크 마케팅은 모든 업계에서 사용하는 표준적 도구가 될 것이다. 또한 네트워크 마케팅은 완벽하게 자동화되어 수많은 사이버 네트워커들이 자신이 네트워크 마케팅을 이용하고 있다는 사실조차 거의 인식하지 못하도록 보급될 것이다.

네트워크 마케팅이 사람들의 생활에 깊숙이 파고들어 당연한 것처럼 자연스럽게 활용하는 단계에 이르면 모든 한계나 논란은 사라지고 말 것이다. 더 이상 경제잡지에서 네트워크 마케팅을 놓고 논란을 벌이지도 않을 것이고 회의적인 예상고객들이 마음속으로 저울질하는 일도 없을 것이며 네트워크 마케팅의 장점을 소리 높여 외칠 이유도 없을 것이다.

그렇게 네트워크 마케팅이 본능적으로 혹은 무의식적으로 사용하는 도구가 되면, 그 때 네트워크 마케팅은 제 5물결 시대로 진입하게 될 것이다.

세계를 주름잡는 대기업들은 이제 더 이상 네트워크 마케팅을 멀리서 바라보고만 있지 않는다. 네트워크 마케팅이 누리는 장점을 최대한 활용하기 위해 당당히 뛰어들고 있는 것이다. 따라서 네트워크 마케팅을 전개하는 사업자들은 유통거래, 전략적 제휴, 인수합병을 통해 대기업들의 세계적인 전략을 실현하는 주체로 나서고 있다.

기술발전, 새로운 시장을 향한 기업 드라이브, 자유를 향한 인간의 자연스러운 열망에 힘입어 네트워크 마케팅이 어느 새 거대한 물결로 성장한 것이다.

이것은 결코 거부할 수 없는 엄청난 소용돌이로 자유와 기업가 정신에 있어서 제 4물결로 다가서고 있다. 이제 세상은 좀더 자유롭고 번성하게 될 것이며 네트워크 마케팅은 새천년의 가장 강력한 컨셉이 될 것이다.